Para
Javier
Con mucho Cariño

Mónica
Salsado

ELIOT UN PERRO DE LA CALLE

Verónica Salgado

Eliot un perro de la calle

Autora: Verónica Salgado

Editora: Concha Moreno

Arte y Diseño interior: Fernando Salgado / Lizette Grijalva

Fotografía: Alejandro Torres

Diseño de Portada:

Arte de portada: Lizette Grijalva

ÍNDICE

*Para ti, porque alivias el dolor de un perro
sin esperar nada a cambio.*

INTRODUCCIÓN

En algún lugar del mundo, Eliot va caminando sin rumbo por las calles. Acaba de descubrir que su madre y sus hermanitos ya no están a su lado. Desesperado, los busca por caminos que nunca imaginó que existieran, sin encontrarlos jamás.

En demasiadas ocasiones, le vence el cansancio y pierde la esperanza, pero el recuerdo de su familia le hace aferrarse a esa ilusión que le mantiene vivo.

En su búsqueda, aprende a sobrevivir, comiendo lo que halla a su paso, tomando agua cuando logra encontrarla, esquivando golpes, y autos que le asustan y le hacen correr sin saber por dónde va.

A cuestas con su soledad, encuentra cielos de diferentes colores y se resguarda de la lluvia cubriéndose con la basura que halla a su paso. El calor lo lleva a sus límites de resistencia, pero sabe que parar significa morir.

Siempre, con la ilusión de algo mejor, Eliot sueña con la compañía de uno de esos seres extraños que solamente tienen dos patas. Pero no puede confiarse. Muchas veces, esos mismos seres le lastimaron con palabras y con golpes que no puede olvidar y le mantienen alerta. Por ello, ha aprendido a interpretar sus movimientos, averiguar las intenciones, y evitar agresiones.

Eliot dice que «los seres de dos patas son capaces de demostrar el más grande amor, pero también el desprecio implacable que lastima sin piedad».

En su recorrido, descubre a personajes como Buba —su mejor amiga y compañera—, Cachorro —un perrito al que acaba adoptando y considerando como su responsabilidad—, y Flaco —un gato que los sigue y que, de vez en cuando, desaparece sin dejar rastro. Gracias a ellos, encuentra las fuerzas necesarias para seguir luchando. Ellos son su aliento.

Los tres emprenden la aventura en el mundo de la calle. Eliot, con su agudo olfato, dirige las "operaciones" para conseguir alimento. Con la garganta seca, todos ellos caminaron muchos soles y muchas lunas, durmieron en rincones de tierra y desperdicios, pero su amor los mantuvo unidos, defendiéndose día tras día. Así, con miedo y esperanza a la vez, recorrieron caminos con múltiples paisajes; unos con luces, y otros tan oscuros que apenas distinguían su sombra.

Pero, desgraciadamente la vida a la intemperie, el hambre, el cansancio y los peligros, van acabando con la familia que Eliot ha formado. Primero cae Cachorro, después Buba.

Tras perderles, le abandona la esperanza y el deseo de vivir, y la enfermedad le lastima paso a paso. Llega el momento en que ya no le quedan fuerzas: agacha la cabeza y cierra los ojos con la intención de dormir para siempre. Sin embargo, el destino le tenía preparado un nuevo camino… y una nueva historia.

1
EL COMIENZO DE TODO

Soy un criollo, un perro salvado por un ángel.
Dicen que existen los ángeles y se presentan en diferentes formas.

Eliot

El encuentro

No recuerdo cómo llegué ahí, solamente me viene a la cabeza que daba vueltas y vueltas en el duro suelo para reposar un ratito. Tenía hambre y frío, el pavimento no calentaba porque el cielo estaba gris pero, por lo menos, podía descansar y dormir. La comezón no dejaba que me ganara el sueño y cada vez tenía más dolor al rascarme. Así, trataba de dormir, me rascaba cuando no aguantaba, y dormía a ratos.

Me levanté una vez más para tratar de acomodarme, cuando de una casa salió una figura de dos patas. Andaba como un rayo, de aquí para allá. Caminaba tan rápido que me dio un gran susto y apenas pude quedarme quieto, sin moverme. Ya estaba pensando que me daría de patadas y que me gritaría como la mayoría de esos seres, pero frenó en seco y se quedó igual que yo: de pie, mirándome y mirándome. Yo agaché la cabeza lentamente para tratar de desaparecer esperando lo peor. Mis ojos, fijos en el suelo, detectaron su sombra cada vez más próxima. Entonces, con el último esfuerzo del día, que casi siempre me salva de todo, salté y corrí como he aprendido: de un lado para otro, y más y más rápido. Me volvía de vez en cuando para mirar y ella seguía detrás, corriendo veloz como si por dentro tuviera algo de perro asustado. Así, seguimos corriendo, saltando piedras y ramas que se travesaban; yo esperando que se cansara, y ella, supongo, esperando a que yo me rindiera. «No sabe que soy un escapista, un sobreviviente y el mejor para lograr esconderme», me decía, cuando al llegar ya muy cansado a un basurero, me rendí.

Creí que la había perdido, y con la lengua fuera, agotadísimo, me dejé caer. El silencio parecía indicarme que estaba solo, cuando un ruidito entre las ramas me anunció que había sido descubierto. Ya no podía pelear, este extraño e incansable ser me había ganado. Se hizo el silencio otra vez, levanté la cabeza y mis ojos no pudieron creer lo que veían. Ese brazo largo que me tocaba, me agarró y me tomó por la panza. Me levantó con esas cosas largas que me parecieron alas y apreté los ojos. Me sentí calentito y escuché una voz que me hablaba en un tono muy cariñoso, aunque no entendí nada.

Así, en sus brazos, me llevó de regreso al lugar donde me había encontrado. Total, después de lo que he vivido, ¿qué puede ser peor?, pensé.

Con los ojos apretados sentía que caminábamos, mientras que con mi olfato trataba de identificar a dónde me llevaba. Ya cerca del lugar en donde nos vimos por primera vez, alcancé a distinguir unos perros que me estaban olfateando, dándome la bienvenida y tratando de agarrarme. Ella me sujetó entre esas alas y no dejó que me molestaran. Atravesamos una puerta y yo seguía ahí, en sus alas. No supe si estaba soñando porque, de verdad, en ese primer encuentro ella fue un ángel para mí.

Un idioma extraño

Ella seguía hablando y yo seguía sin entender. Ya dentro de su casa, los perros insistían en conocerme, pero ella cerró la puerta para que no pudieran darme el recibimiento que esperaba y que me tenía temblando solo de imaginarlo.

Caminamos por un pasillo, y me puso una mantita que jamás olvidaré. Me acarició y me dio de comer. Esa comida me llegó a la panza como otro abrazo más, luego tomé unos tragos de agua, y me quedé dormido. Ni la tremenda comezón que soportaba me impidió sentir el impacto de cariño que había recibido. Ese día en el que había encontrado lo que tanto buscábamos Buba, Cachorro y yo, mi corazón se llenó de tristeza, ¿por qué solo a mí? Hubiera dado mi vida para que ellos dos disfrutaran de aquello, de ese calorcito de hogar, de las palabras y las caricias. La cabeza me daba vueltas de tanto querer tenerlos allí conmigo.

¡Qué diferente hubiera sido todo estando con mi madre y hermanos! Fue muy duro perderlos y no saber lo que pasó. No sé si hubiera conocido a Buba y a Cachorro si no hubiera estado solo. No entiendo por qué las cosas ocurren así y hay que adaptarse. Yo solo sé que les añoro a todos. El amor no se termina con la ausencia.

Casi todos los días me digo, si mis hermanitos pudieran estar aquí... Es que un día me desperté y no estaban; no volví a verlos, ni a ellos ni a mi mami. Esa mañana, cuando los perdí, me sentí tan solo que no supe para dónde caminar. Estaba perdido, traté de seguirlos con el olfato, pero no los encontré. No sabía a dónde ir, caminé durante varios días, cada vez con más miedo y menos pelo.

Esos seres de dos patas me veían y se asustaban, me decían cosas que me dolían, pero no les entendía. Solo sabía que no me querían cerca, que me espantaban con escobas, gritos y golpes. Y yo, como siempre, salía corriendo tan rápido como podía para que no me alcanzaran. Los autos me seguían, me aturdían, tenía miedo, quería a mi mami.

Y cuando me llegaban esos olores tan deliciosos que salían de sus casas, iba hacia ellos, pero esos seres rara vez me invitaban. «Si tengo suerte a lo mejor me tiran algunos pedazos de comida», pensaba, y movía la colita de puro contento. Cuando sucedía el milagro, siempre esperaba hasta el último momento antes de seguir mi camino, por si querían darme algo más.

En la noche podía ver esas lucecitas arriba y también en el suelo. Veía caminar animales de todas las formas, con antenas, resbalosos y de colores diferentes pero, la verdad, no tenían buen sabor; yo los comía para que no me molestara la panza, pero a veces me dolía más.

Luego dormía acomodándome donde podía, casi siempre en una esquina o escondido entre las cosas que dejan abandonadas en las calles. Me despertaba también con los ruidos que me han asustado siempre, sintiendo que el corazón se me salía del pecho, que me temblaba hasta la cola, pero cerraba los ojos y así pasaba el tiempo hasta que alumbraba el cielo. Entonces tenía que buscar alimento. Caminaba y caminaba como siempre, olfateando para encontrarlo, hasta que aparecía algo, no importaba lo que fuera. Cualquier cosa es buena cuando ya no se distingue entre basura y alimento.

En mi búsqueda en pos de algo que llevarme a la boca solía toparme con niños que hacían menos duro el camino. Eran buenos conmigo, me hablaban y querían acariciarme, sin dar importancia a mi mal estado, ni a mi color o tamaño.

El perro feliz, y un amigo

Un día, cuando caminaba por un lugar lleno de árboles y flores, encontré un amigo. Era tan impaciente que no se quedaba quieto para nada. Me rodeaba, brincaba y lamía a la vez; se le veía feliz.

A lo lejos, escuché una voz que le gritaba y el perro ni caso le hacía, solo quería jugar conmigo. Yo le llamé Cascabel, como esas cositas que suenan. Jugamos, corrimos y brincamos por todo el lugar. Cruzamos un arroyito mojándonos las patas y volvimos a él cuantas veces quisimos. En ese momento me sentí aceptado y querido. Cuando ya estábamos cansados nos acostamos entre la hierba y las plantas más altas. Entonces nos alcanzó la voz que seguía a mi amigo, y le puso una correa en el pecho. Con su idioma le decía, no sé qué cosas, pero no debían de ser malas, pues mi amigo movía su colita feliz de verlo. Se fueron y yo los vi alejarse. He soñado muchas veces con ese día.

¿Por qué yo no tenía una voz que me cuidara como a mi amigo? ¿Por qué yo me sentía tan sucio y él se veía tan limpio y feliz? ¿Por qué yo me moría por comer y a él no le interesaban esas cosas tiradas en el suelo? ¿Por qué se fueron y me dejaron ahí?

Me quedé imaginando lo lindo que sería tener una compañía así, que me cuidara y yo cuidarla también. Estaba muy cansado, pero con ganas de vivir.

Era hora de seguir. Salí de ese lugar, encontré una carretera y caminé por ella. Lo malo era que los autos pasaban tan rápidos que sentía que me iban a llevar con ese aire que me echaban... De pronto encontré una salida hacia un camino de tierra.

Por allí pude ver a muchos amigos perros, casi todos amarrados en sus patios, revoloteando y enredándose con esas cuerdas, gritándome, ladrando y ladrando. Algunos de ellos, en la calle como yo, eran más amistosos; sabían que en ella nada nos protege. De pronto se acercó a mí un perro muy grande, de color negro hasta los ojos. Caminaba lento y me olfateó sin mucho interés. Yo me puse contento, como siempre de que me aceptaran, y cuando se acercaban yo ya creía que eran amigos.

Ese perro, como si supiera lo que necesitaba, me llevó hasta una casa, tan maltratada como yo, y me acercó a su plato de comida, situado debajo de un árbol. Entonces descubrí que este amigo perro tenía donde vivir, que disponía

de una casa grande para dormir; seguro que no se mojaba cuando llovía. Comí de su plato, claro que primero tuve que espantar unas tremendas moscas que querían arrebatarme el suculento aperitivo y me pregunté extrañado, por qué mi nuevo amigo no tendría hambre.

Los cazadores de perros

La sombra de aquel árbol era fresca y el aire en mi cara me daba tranquilidad. Di dos vueltas y me tumbé un rato. En eso estaba, cuando mi amigo llegó también para acostarse conmigo. Lenta, muy lentamente, dio sus vueltas antes de acostarse, hasta que por fin se tumbó pesadamente en el suelo, levantando una gran polvareda. ¡Qué diferente era estar así, acompañado!

Ya estábamos bien dormidos, cuando de repente escuchamos un griterío de perros que se oía a lo lejos, más bien como un eco en toda la calle. También nos parecía que se acercaba un auto y que los gritos subían de tono. Cuando nos levantamos, vimos que era el vehículo que se lleva a los perros a un lugar del que nunca regresan, por lo que también nos pusimos a ladrar. Aquello era un alboroto espantoso.

El auto tenía rejas y, una vez te metían en él, no salías jamás, así que cuando se detuvo frente a nosotros comenzó una locura de carrera de los seres de dos patas en pos de todos nosotros. Yo no sabía si correr o atacar, porque estaba paralizado, tieso de miedo, pero mi amigo salió como una fiera a defender a los perros, tratando de ahuyentar a los cazadores, pero éstos eran expertos, y lograron atrapar a varios, entre ellos a mi amigo. Lo sujetaron con cuerdas y después lo subieron al vehículo, repleto ya de perros que no dejaban de ladrar.

Todo aquello eran gritos de perros, polvo, y persecución. Yo me encontraba entre un grupo que ladrábamos, pero no entramos en la pelea. Después me fijé en mi amigo allí, encerrado en el auto y corrí al mismo árbol donde poco antes habíamos estado acostados. Corrí para esconderme. He aprendido a correr para poder sobrevivir.

En todo este tiempo he visto morir a muchos perros: grandes, pequeños, limpios y sucios. Ninguno de ellos corrió, pelearon sin percatarse de que esos autos matan. Ese día yo no lo sabía: fue cuando aprendí.

Ya estaba solo otra vez. Mi amigo el grandulón negro estaba muy lejos, en ese auto de la muerte. Aunque algo en mí no dejó que me rindiera, tenía dudas. ¿Y si fuera mejor dejarme atrapar para que terminara mi soledad y mi miedo a vivir en la calle?

Regresé al mismo hueco en la tierra. A ese lugar donde un momento antes mi amigo y yo estábamos juntos. Regresé arrepentido por no haberme dejado atrapar con él, pero me consolaba saber que por lo menos no iba a morir. Estaba solo en ese lugar donde mi amigo y yo habíamos estado juntos. Cerré los ojos como hago siempre que siento esa soledad, cuando algo lindo parece llegar y se esfuma de repente.

Sabía que debía seguir mi camino, pero no podía. El cielo se había tornado gris y aquel agujero todavía guardaba el olor de mi amigo. Además, a nadie parecía molestarle que yo estuviera allí. Dormí sin querer soñar, salvo que fuera con mi mami y mis hermanitos, entonces sí quería, porque volvía a estar con ellos y a ser feliz.

Cuando la luz del día volvió a brillar, sentí todavía el frío en mi cara y la panza me rechinó de hambre, lo cual significaba que debía buscar comida. Puede ser que este día tenga más suerte y encuentre algún bote lleno de esa comida rara que muchas veces huele bien, pensé. El caso era comer y seguir caminando, buscar siempre sin saber qué encontraría. Algo me decía que en algún lugar tenía que haber algo bueno para mí.

2

LAS CALLES LARGAS SIN FINAL

Las calles eran largas en aquel lugar, había tierra por todas partes. Paso a paso me fui alejando. Después de un tiempo, sentía las patas muy calientes, el sol quemaba y quería tomar un poco de agua. No sabía cuánto tiempo había caminado sin encontrar nada, pero de repente me vi en un entorno totalmente distinto.

Percibí olores nuevos en un lugar repleto de seres de dos patas caminando apretujados y apurados. Traté de seguir a uno de ellos y se me perdió, pero para qué los quería si en aquellos pasillos había mucha comida extraña tirada en el suelo, sonreí. Comida de todos los colores. Fui probando cuanto me encontré, pero no había nada que tuviera buen sabor. Algunos de esos seres me decían cosas para que me alejara, y otros me ignoraban (creí que estaban muy ocupados) y yo seguí buscando.

Me detuve cuando uno de ellos me habló y extendió su mano. Yo sabía que eso significa comida y me acerqué para recoger lo que me ofrecía. ¿Qué será esto que el sabor es delicioso? -me dije, agarrando el pedazo de no sé qué-. Busqué un lugar para disfrutar de mi comida, que era de buen tamaño. Vislumbré un banco y me metí debajo. Allí, a la sombra, donde no me podría ver nadie, estaría tranquilo. Esa comida fue de lo más delicioso que había probado. Terminé de comer, me levanté y seguí paseando entre todas aquellas patas largas. En ese lugar tenía sombra para cubrirme del calor, solamente necesitaba agua.

Después de andar de arriba para abajo una y otra vez, vi salir un tremendo chorro de agua de un tubo que iba a dar a la calle. Me apuré porque nadie me miraba y ¡a tomar agua se ha dicho! Estaba fresca, y mis patas también se dieron un alivio con el agua que cayó al suelo. Normalmente, cuando como y bebo agua me siento contento, con ganas de seguir mi camino.

Al salir de ese relajo, seguí caminando hasta llegar a una casa muy grande ¡Qué olor a flores! Había muchas por todas partes. A lo lejos vi un hermano perro que se acercaba a mí dentro de su patio. Movió la colita y me olfateó como sorprendido de todo lo que llevaba adherido a mí: mugre y olor a calle. Allí todo se veía tan lindo y tan limpio... La perrita, porque era una preciosa perrita, estaba tan limpia que brillaba. De color blanco y pelo esponjoso peinado y vuelto a peinar, se movía con el aire, como si fuera un árbol con todas esas hojitas de aquí para allá. Bueno, así la vi yo. Ella no dejaba de mover su cola y de hacerme fiestas. ¡Qué bonito sería estar ahí adentro con ella y poder jugar!

No me podía quedar. Como siempre, tenía que seguir mi camino; nunca sabía a dónde iba a llegar ni qué encontraría. Yo únicamente buscaba un lugar para estar a salvo por un tiempo. A veces he creído haber pasado más de una vez por los mismos lugares, no lo sé. Quizás haya estado tan cansado y confundido que imaginé las cosas.

En estas cavilaciones se me fue pasando el tiempo. Ya empezaba a palidecer el brillo del día, a soplar el aire frío; era hora de refugiarme en algún sitio. Mi olfato ya se había agudizado y había aprendido a conocer y a identificar ciertos peligros, aunque muchos de ellos llegaban de repente, sin previo aviso.

Esos autos que dan miedo

Estaba llegando a una de esas calles que me dan mucho miedo. Son largas, con muchas luces a lo lejos. No podía cruzar, los autos pasaban muy rápido, y las luces me deslumbraban. No sabía si cruzar corriendo o esperar, pero el frío ya dolía. Arranqué sin detenerme a ver, escuché bocinazos sin saber por dónde me llegaban, corrí más rápido, más rápido… y ¡zas! Por más que traté de esquivar a todos aquellos autos había sentido un golpe seco en una de mis patas traseras. El miedo me impulsó aún más. Seguí corriendo con la mirada fija en el otro lado de la calle, no paré, debía cruzar y llegar con vida. Y, finalmente ¡lo conseguí!

Ya en la otra acera me sentí tan asustado que se me quitó el frío, pero el corazón todavía lo tenía aterrado. Traté de serenarme y empecé a buscar donde refugiarme para dormir un ratito. La pata empezó a doler, caminé más despacio, cojeando, pero muy alerta. A lo lejos distinguí un lugar escondido donde quizás podría descansar. Hacia allí me dirigí. Me acosté, lamí mi pata, la coloqué cuidadosamente para no lastimarla más, y traté de dormir. Cerré y abrí los ojos varias veces antes de quedarme dormido y soñar con todo lo que me había pasado en el día. Me desperté y una vez más, lamí mi pata y me acomodé para seguir reposando. Dormir y descansar era lo único que quería. Por suerte, podía permanecer en ese escondite sin ser visto; la basura me cubría, tendría tiempo para recuperarme del golpe.

La mañana me encontró con hambre, pero mi pata se doblaba cuando trataba de apoyarla. Di unos pasos y me caía cada vez que lo intentaba. El dolor era fuerte y me obligaba a acostarme. Necesitaba comer, pero también recuperarme. Me consolé con la idea de que, después de todo, tenía un sitio en donde nadie me molestaría. Cuando me encontrara mejor, ya comería.

La luz se ocultó y volvió a salir. Esta vez me levanté como pude, caminando con más calma; tenía que comer algo o, por lo menos, encontrar agua. Caminé muy lento, paso a paso, olfateando, y no tuve suerte. Muchas veces, en mi deambular solitario, encontraba varias direcciones. Elegir era unas veces fácil y otra difícil. Entonces, me quedaba quieto, sopesándolo. Me decidía por la que llamaba mi atención, pero esta vez mi pata "marcaba el paso" y tuve que decidirme por la que me pareció más sencilla

Buba mi amiga, mi familia

Caminando llegué hasta un establecimiento de humanos, observé que en la entrada estaba una cachorrita color tierra, tan flaca que parecía de puros huesos. Su cabeza se veía enorme, las patas muy largas, y la mirada triste, como la de muchos perros de la calle; ya ni abría los ojos buscando esperanza. Estaba tratando de resguardarse del frío poniendo el hocico debajo de una viga de metal. No supe por qué lo hacía, no creo que el frío se sintiera menos, era apenas un huequecito diminuto pero, de verdad, la entendía: el cansancio no le permitía llegar más lejos.

Me acerqué a ella para comprobar si quería seguirme y juntos buscar un lugar calentito. Yo sabía por experiencia que ese no era un buen lugar para descansar tranquilos. La perrita levantó la mirada y apenas movió la cola. Pero algo en ella pareció despertar, porque al final se levantó y caminó conmigo.

Nos dirigimos hasta un lugar donde se encontraban tirados unos trapos y unas cajas. Pensé que ese sería nuestro hogar por esa noche. Yo di mis vueltas, y me acosté, ella enseguida hizo lo mismo, y se acurrucó a mi lado. Cerramos los ojos y dormimos gracias al calor de nuestros cuerpos. Me sentía feliz de tener su compañía.

Durante la noche, así acurrucados, vimos esas lucecitas que explotaban y hacían ruido allá arriba. Asustaban mucho, pero acompañados daban menos miedo. También vimos juntos a todos esos animales que salen de noche, esos con muchas patitas... Mejor que no se acerquen mucho, pensé, porque con el hambre que tenemos no llegarán muy lejos.

Ya cuando la luz se prendió, lo primero que vi fue la colita de mi nueva amiga. Se le veía contenta. Supuse que no estar sola y sentirse descansada le daba energía. Los dos sabíamos que habría que buscar alimento durante el día, así que nos pusimos en pie, nos sacudimos el polvo, y caminamos a paso lento, olfateando para ver qué encontrábamos.

No lejos de allí había un bote grande, de esos a los que los seres de dos patas echan cosas que les sobran, incluida comida. Me elevé sobre las patas traseras y busqué dentro. Mi olfato, que casi nunca falla, me indicaba que ese bote tenía dentro algo bueno. Seguí buscando y ¡eureka! había algo rico. Lo saqué como pude y mi amiguita empezó a darse un auténtico atracón. Los dos pasamos un buen rato comiendo aquellas delicias que a los humanos no les interesaban. Al terminar nos quedamos pensando sin saber si sería buena idea seguir el camino en ese momento, o deberíamos quedarnos un poco más en ese lugar donde habíamos comido tan tranquilos.

El refugio de cada día

De pronto empezó a llover. Ahora sí que debíamos movernos lo más rápido posible para buscar refugio. El agua nos empapaba y hacía más pesada la caminata. No veíamos nada que sirviera. Ya estábamos muy mojados cuando, al dar la vuelta a una esquina, apareció un callejón largo y oscuro, lleno de recipientes de todos los tamaños rebosantes de basura sobre los que había un alero. Ese sería nuestro hogar hoy: entre la basura.

Cuando mi amiga se acomodó, metió su hocico en mi panza. Yo traté de calentarla y me acomodé a su lado. Tuvimos suerte, porque entre los desperdicios del suelo también había papel y podíamos secarnos un poco.

Al cabo de un rato ya no estábamos solos. Vimos llegar a perros de diferentes tamaños, con esa mirada que conozco tan bien, buscando un lugar hasta que la lluvia cesara. Nadie nos molestó. Era increíble cómo podíamos ser invisibles entre la mugre y la basura, o ¿sería que la llevábamos tan pegada que ya éramos parte de ella? Lo cierto era que nos permitía pasar inadvertidos y sobrevivir un día más. La lluvia seguía mientras veíamos a nuestros vecinos acomodarse, uno a uno, a nuestro alrededor.

Los perros somos nobles por naturaleza, pero hemos aprendido que el hambre, el maltrato y el dolor, nos hacen desconfiados. En consecuencia, defendemos lo poco que tenemos con toda nuestra furia. Es por eso que mi amiga y yo manteníamos la distancia con los demás perros, para evitar conflictos y no perder ese lugar ya calentito.

Al detenerse la lluvia, los perros se fueron levantando uno a uno. ¿Cómo podía ser que no hubiera visto la cantidad de ellos? ¿Sería porque entraron lentamente para que los que ya estábamos allí no los espantáramos y así evitar cualquier pelea?

Una perra de gran tamaño, pero flaca como un palo, se levantó. Debajo de ella salieron varios cachorritos, chillando y tratando de alcanzarla. Estaban tan desnutridos que sus caderas se tambaleaban al caminar. Algunos más también salieron de aquel escondite, despacio y silenciosos, tal como entraron.

Cuando todos desfilaron por aquel callejón, Buba y yo -porque así bauticé a mi amiga-, también nos sacudimos y estiramos antes de dar el primer paso, olfateando siempre, para medir el peligro y reconocer el camino a seguir.

Salimos de allí y la luz me deslumbró los ojos. ¡De verdad que estaba oscuro el dichoso escondite!

La calle que se veía a lo lejos parecía no tener fin. Estaba como siempre, repleta de esos seres humanos apurados, caminando sin detenerse a mirarnos; los que bajaban la mirada hacia nosotros nos gritaban y nos espantaban con las manos. Buba parecía cansada y su cabeza estaba más agachada que de costumbre. Los huesos de su cuerpo se veían desde lejos. Íbamos caminando y se detuvo con uno de ellos, quien la acarició. Yo la dejé disfrutar de ese momento tomando distancia. Sabía que no duraría mucho, pero qué bonito sería que decidiera llevársela a su refugio, la cuidara, alimentara y la llenara de cariño. Seguramente Buba no dudaría en dejarme solo. Creo que yo tampoco la detendría.

Seguimos nuestro camino y corrimos cuando debíamos salvar el pellejo esquivando autos. Comimos cantidad de cosas que encontramos en el suelo y jugamos en algunos tramos del camino. ¡Qué bueno era tener a Buba conmigo! Llegando a uno de esos lugares, llenos de matorrales, flores, y árboles, mi amiga me puso sus patitas en la cara, me empujó y jugamos un buen rato. Correteamos hasta quedar tan cansados que vimos cómo la luz grande se apagaba y salían las lucecitas en el cielo. Buba y yo ya éramos inseparables, no creía poder seguir sin ella.

Pudimos dormir a ratos cuando los ruidos no asustaban y también hicimos guardia con los ojos abiertos. Me desperté con demasiada comezón en la piel, y me rasqué lo más fuerte que pude. También notaba que mi amiga se rascaba, pero nos levantamos felices de vernos. Buba ya había empezado a buscar comida. Éramos un gran equipo, y ella aprendía muy rápido.

Bondad y maldad de los humanos

Como siempre, caminando, encontramos un lugar con cosas malolientes tiradas. La panza nos gruñía, pero era mejor seguir el camino. Continuamos un buen tramo hasta encontrar algo menos repugnante. Uno de esos seres de dos patas, un humano, nos vio y nos tiró unos pedazos de comida desde dentro de su jardín, mientras sus perros, detrás de la reja, se volvían locos de coraje. Creo que no querían compartir su comida, aunque les sobrara.

Con el paso del tiempo, otro humano, al vernos pasar, también nos regaló un plato con agua, y bebimos hasta llenar la panza; tanto que se nos hacía difícil seguir. Por ello, recorrimos el camino lentamente. Sin embargo, en cuanto vimos a lo lejos un lugar escondido apresuramos el paso ¡Era perfecto! Nos acomodamos dando nuestras vueltitas habituales antes de dejarnos caer. Me tumbé junto a mi amiga. Su calorcito me producía una gran placidez y aliviaba mi soledad. Yo la cuidaba para que cada día se sintiera más fuerte. Ese lugar sería bueno para quedarnos un tiempo.

Estando ahí, en ese escondite, nos llamó la atención un griterío de perros que estaban bastante alejados. Corrimos por si nos estuvieran pidiendo auxilio. Al llegar, el polvo no dejaba ver bien lo que pasaba, todo era un gran alboroto.

El lugar, además de polvoriento, parecía un camino sin salida. Varios humanos estaban allí moliendo a palos a algunos perros. Tanto los grandes como los pequeños trataban de defenderse, pero los golpes eran muy fuertes. Todos ladraban y trataban de atacar, pero se lo impedían los mandobles que les llovían a diestro y siniestro. Sin pensarlo, Buba y yo decidimos ayudarlos y mordimos a uno de los atacantes. Ladramos y peleamos, pero eran muchos los que golpeaban. Vimos cómo caían algunos perros por los tremendos golpetazos. Yo traté de esquivar esos golpes y atacar con todas mis fuerzas para que se fuesen y nos dejaran en paz. En un momento determinado lo conseguimos;

nuestros atacantes se caían, se levantan, y huían corriendo.

Acabada la pelea, quise encontrar a mi amiga, pero no lograba verla, y ladré para llamarla. Lo hice varias veces, pero no me respondía ni aparecía. Empecé a desesperarme, porque me era imposible distinguirla en medio de aquel desastre. Unos cuantos perros estaban lamiendo sus heridas, y algunos muertos, con la lengua fuera y teñidos de rojo. Otros habían abandonado la pelea corriendo cuanto pudieron.

Mientras observaba el panorama desolador que tenía a mí alrededor, allá, a lo lejos, Buba emergió de entre varios perros caídos. Parecía que se encontraba bien, y caminó hacia mí con la cabeza magullada y herida. Me sentí aliviado al verla, pero ella apenas podía andar y no levantaba la mirada; pasó por mi lado y yo la seguí. Esta reacción es habitual cuando sufres por primera vez esa clase de maltrato: además, no se olvida, y nos cambia para siempre.

Nos retiramos a paso lento, cansados, lastimados por dentro y por afuera, pero no teníamos miedo. Después de sentir esa clase de maldad, el miedo se hace pequeño y la desconfianza grande. Caminamos y caminamos, como siempre, sin dirección… y más separados; algo había cambiado entre nosotros.

Cuando desapareció la luz del día vi que mi amiga se había rendido al cansancio, pues al llegar a un callejón se dejó caer, exhausta. Yo le acerqué trapos, cartones, y lo que pude, para protegerla del frío. Me acurruqué a su lado, y nos quedamos quietos, sin movernos durante toda la noche.

Un día más para Buba y para mí

Al amanecer de un nuevo día vimos cómo cambiaba el suelo de color por los rayos del sol. Unos animales e insectos se escondían y otros salían de sus madrigueras de tierra o basura. Miré a mi amiguita, que movía la colita, y la desperté dándole una que otra lamida, pero no se veía con mucho ánimo. Quería buscarle algo muy rico para comer. Quería que todo fuera diferente para Buba, que tuviera cuidados como esos perros limpios y felices que a veces había visto en mi transitar por caminos que no sabía a dónde me llevaban.

Me aparté cuando vi que ella no tenía ánimo alguno, pero decidí que no la iba a dejar sola. Despacio, para no molestarla, busqué comida olfateando a mí alrededor. Me alejé, cada vez más, sin encontrar nada, pero al rato, un bote repleto de desperdicios pareció salir a mi paso. Empecé a revolverlo todo, con el ánimo de hallar algo y regresar cuanto antes a darle una sorpresa a Buba. Y sí, en una bolsa de plástico parecía que había cosas buenas para comer. Rápidamente seleccioné lo mejor, cogí lo que mi hocico podía cargar y corrí para que mi amiguita pudiera comer.

Al llegar vi que se rascaba. Eso no me gustó, porque sé lo que significa. Le puse la comida cerca para que escogiera. Buba me miró como diciendo ¿y, tú qué? Así que me puse a comer con ella; eso le cambió un poco el ánimo.

Después de llenar nuestros estómagos, traté de jugar con ella, pero seguía rascándose. La distraje con mis patas y di vueltas a su alrededor ladrando y empujándola. Eso la confortó y jugamos y corrimos un buen rato.

Entonces observé que Buba había crecido, que sus patas eran más largas y que empezaba a cambiar; sus huesos ya no se me clavaban cuando dormíamos juntos.

Las nubes se hicieron a un lado y el sol empezó a calentar. Era tiempo de seguir nuestro camino hacia ningún lado, como siempre. Los rayos del sol caían a plomo sobre nuestras cabezas, pero la energía de la comida nos daba fuerzas para caminar, a veces solos, a veces entre esos seres, buenos y malos; nunca se sabía. La mayoría de los seres de dos patas no nos veían, o ya estaban acostumbrados a nuestra presencia y nos ignoraban.

Muchas veces, los olores de la calle hicieron que el tiempo se fuera rápido, nos distraían, pero nosotros estábamos siempre alertas, para salir corriendo en caso de ataque.

3

EL AMOR DE CACHORRO
A PRIMERA VISTA

Los olores eran deliciosos en el lugar donde recalamos. Muchos humanos comían allí, y los perros acudían para ver si recibían algunas sobras, o un pequeño bocado.

Nos acercamos y olfateamos, pero de comida nada. Un perrito que estaba ahí sentado mirando hacia arriba esperaba algo que nunca llegó. Se apoyó en Buba como para descansar y, para mi sorpresa, ella le dio unos tremendos lametones. Pensé que le había gustado el cachorrito, y que quería protegerlo. Al apartarme de allí, avisé a Buba de que nos marchábamos, pero observé que no daba ni un paso, que seguía embelesada con el cachorro. Creí que era mejor sentarme y esperar, y así lo hice. Finalmente, Buba avanzó y el cachorrito venía tras ella. Algo me dijo que en adelante seríamos tres.

Buba caminaba despacio esperando al cachorro, y éste se apuraba para alcanzarla. Durante un rato los dos caminaron detrás de mí, lentamente, pero despues me alcanzaron. El cachorrito iba moviendo la colita para ser aceptado en el equipo, pero a mí no me molestaba y Buba se veía animada y contenta con él. Eso era bueno: yo la protegía a ella, y los dos protegíamos al cachorro. Tenía el pelo lacio, pegadito al cuerpo, con diferentes colores; muy lindo, pero maltratado, como todos los que vivíamos en la calle.

Al poco tiempo comenzamos a sentir mucha sed y no se veía nada de agua ni a lo lejos. Tendríamos que seguir caminando. El cachorrito se veía cansado y sus ojitos tristes. Me pregunté si los demás verían lo mismo en mí y en Buba.

Como siempre, seguimos a paso lento unas veces, y corriendo del peligro que salía a nuestro paso, otras. Cuando el día empezaba a declinar, buscamos un lugar donde dormir y calentarnos por un rato, pero tampoco encontramos nada, y ya estábamos con la lengua fuera por la sed y el cansancio.

Nos sorprendimos al llegar a un lugar extraño de luces brillantes y edificios altos, de esos que no tapan el frío. Ni hablar, allí no nos quedábamos, decidimos, teníamos que seguir caminando. Pero íbamos en fila, estábamos demasiado agotados, y las fuerzas se nos acababan. Primero iba Buba, luego cachorro y después yo. Al poco tiempo, vi un lugar en el que creí que podíamos descansar. Era un espacio pequeño pero seguro, en donde los tres nos podríamos juntar hasta lograr acomodarnos y calentar las patas.

Nos tumbamos sin querer saber ni dónde estábamos, ni qué había a nuestro alrededor, y así acurrucados pudimos dormir. La noche, como siempre, brillaba con esas luces prendidas en el cielo. Unos enormes bloques de hormigón nos protegieron del frío. Allí pasamos la noche, en aquel rincón. Cachorro, muy miedoso, se metió entre las patas de Buba y mi panza para sentirse a salvo. Buba lo acarició con su hocico y él se quedó dormido enseguida.

Yo quería que al amanecer todo fuera diferente. Esa noche sentí que la ternura del cachorro aliviaría un poco la tristeza de Buba, y así fue. Al día siguiente nos despertamos hambrientos y comenzamos la búsqueda diaria de sustento. Se veía mucho movimiento en las calles, por lo que permanecimos muy juntos para no perder de vista al cachorro.

Mi valiente cachorro

Los seres de dos patas caminaban tan rápido que casi nos empujaban sin vernos, y los que nos descubrían, nos gritaban y ponían cara de terror; pero a eso ya estábamos acostumbrados. De pronto, cachorro se detuvo y Buba comenzó a lloriquear para que yo no siguiera avanzando. ¿Qué pasa? me pregunté… Parecía que cachorro había encontrado entre unas cajas tiradas algo de alimento. Retrocedí y alcancé a verle despedazando unos cartones y sacando comida de ellos. Rápidamente, Buba le ayudó, y yo también.

Entre los tres retiramos el alimento a pedazos, pero, de repente, uno de dos patas nos gritó y corrió hacia nosotros tratando de golpearnos. Buba sabía lo que había que hacer y escapó corriendo, lo mismo que yo, pero el cachorro seguía afanado con la comida.

Miré hacia atrás y vi que el humano llegaba hasta él y empezaba a golpearlo.

Regresé corriendo y ladrando. No quería que lo lastimara, y al observar que incluso estaba tirando de una de sus patitas, sentí tanta rabia que le ataqué para que lo soltara. Buba llegó para ayudar, e hizo que cachorro entendiera que debía soltar la comida y alejarse de allí. Por fin, ambos salieron huyendo y yo les seguí detrás. Aun así, logramos escapar con algo de alimento.

Al detenernos en el primer escondite que encontramos, cachorro se acostó y empezó a lamer su patita. Estaba golpeado. Me acerqué a él y lo acaricié para que se sintiera mejor. Era tan chiquito…, no merecía estar allí. Buba le acercó comida, y así, tiradito, comió y se puso contento. ¡Qué alivio!

Muchas veces veíamos pasar por nuestro lado a diferentes perros, solos como nosotros, tratando de sobrevivir, caminando en pareja; o a varios de ellos tras de una perrita que intentaba escapar. Los veíamos y seguíamos nuestro camino, igual que ellos, pero como si buscáramos algo que se nos hubiera perdido.

Cachorro se quedó dormidito, y Buba y yo estuvimos cuidándole, deseando que pudiera caminar cuando hubiese descansado. Abrió los ojos no mucho después. Se le veía muy mejorado, moviendo su colita como si hubiera olvidado los golpes. Nos quedamos esperando que se levantara, pero se dio la vuelta, se acurrucó de nuevo, y nosotros bajamos la cabeza y la apoyamos en el suelo para seguir esperando que se recuperara.

Cuando por fin despertó, cachorro era la imagen de la felicidad. Se incorporó como si nada, jugando y correteando a nuestro alrededor. De una ojeada le revisamos de arriba abajo en busca de alguna señal que indicara que aún estaba lastimado. ¡Qué bien, qué suerte que se recuperó pronto!, ladramos sorprendidos al comprobar que ya nada le impedía caminar.

Como vimos con tanta energía y tan alborotado a cachorro, dejamos nuestro refugio para seguir, buscar alimento, agua, y un lugar seguro para descansar. Esa era siempre nuestra lucha diaria.

Cachorro se había convertido en nuestro centro de atención, lo cuidábamos como si fuera un gran tesoro. A la vez, nos mantenía con la esperanza de que "algo" vendría a rescatarnos, aunque no sabíamos de dónde.

La noche anterior, entre sueños, había visto a cachorro feliz, con un ángel de esos de dos patas que lo acariciaba y lo llenaba de palabras hermosas. Le veía así como es él, brincando y corriendo, pero tan limpio, que su pelito brillaba. Estaba en un lugar de esos de hierba verde y flores, donde él podía correr a salvo de todo. Pero, al despertar, lo que vieron mis ojos fueron los huesos de Buba y sus largas patas. Con el paso del tiempo y nuestra vida en la calle, su cuerpo cada vez estaba más maltratado.

Iniciamos nuevamente nuestro camino a paso lento para que cachorro no se lastimara la patita, pero creo que no le hacía falta; él iba como un saltamontes, brincando y metiéndose entre nuestras patas cada vez que quería jugar. Nuestro cachorro cambió el ánimo a Buba. Jugaba con él todo el tiempo, como si el pequeño le contagiara su alegría. Así seguimos hasta llegar a un camino seco, con ramas, sin vida, y mucha tierra suelta por todos los lados. Nunca sabíamos cómo cambiaba tan de repente el paisaje, porque solo con caminar llegábamos a lugares de diferentes aromas y colores.

Allí todo estaba tan seco que ya traíamos la lengua fuera. Necesitábamos encontrar agua pronto. Ya había pasado bastante tiempo y cachorro empezaba a cansarse. Ya no iba jugando alegre, y su paso era lento. Su pelo estaba cubierto de tierra, pero él se sacudía cada vez que podía.

Deseaba salir pronto de aquel lugar. Los rayos del sol nos quemaban el lomo y se hacía muy difícil avanzar. El camino entre esas ramas sin vida no parecía terminar, pero no quedaba otra que seguir. Yo iba al frente, como casi siempre, ya muy cansado, despacio, y detrás, Cachorro y Buba.

El perro sin vida

Entre todas aquellas ramas y espinos me pareció ver una que se movía. Nunca había visto algo así... Me detuve a mirar y mis ojos se abrieron desmesuradamente al notar que aquella rama seca era en realidad un perro tan flaco que se había mimetizado con ellas. Seco, sin pelo, y del mismo color que los espinos, con la mirada tan perdida que ni siquiera percibió nuestra presencia, vi que estiraba una pata y atrapaba un animal muerto, lleno a su vez de otros más pequeños que ya se lo estaban comiendo. Tras el ligero movimiento que realizó, casi imperceptible si no hubiera estado atento, el perro-rama volvió a refugiarse entre los arbustos.

Se quedó inmóvil y volvió a ser una rama más. Aquello me dejó paralizado y creyendo que estaba alucinando por la sed: su cuerpo carecía de carne, de pelo, de color... fue lo más horrible que había visto en mi vida.

Después de mi experiencia con los perros maltratados creí que nunca vería algo peor, pero esto lo fue. Un cuchillo de miedo atravesó mi cuerpo y me sobrecogió.

Cuando por fin logré pensar en Buba y Cachorro, me giré hacia atrás para buscarlos. Los dos estaban paralizados, como yo, pues habían visto lo mismo. Cachorro, que debería haber ladrado queriendo saber qué era aquello, tenía hasta las orejas quietas, sin movimiento alguno, algo inusual en él.

Nos costó reaccionar a los tres. Esta vez fue Buba la que se repuso primero, después la siguió Cachorro, y yo sentía que no podía; no sé qué clase de fuerza me impulsó a seguirlos. Después de ver tal sufrimiento, no sentí ya ni la sed que antes me estaba ahogando.

El calor empezaba a suavizar su ardor. Sabía que debíamos reponer fuerzas y buscar refugio para cubrirnos esa noche. Buba, en cabeza, había tomado la dirección correcta, porque estábamos llegando a un lugar diferente después de caminar no sé cuánto tiempo.

Los ruidos, las luces y los más variados olores lograron alborotar a Cachorro, que tenía una sorprendente magia por dentro capaz de cambiar lo malo que nos pasaba. Se reponía rápidamente y nos empujaba a seguir. Encontramos un charco de agua, de esa que no huele tan mal, y metiendo nuestras patas dentro

llenamos la panza. Eso nos refrescó y proporcionó energía. La comezón empezaba a doler y Buba, que también se rascaba y refregaba contra el suelo, empeoraba a la vez que yo.

Seguimos caminando, pero esta vez fui yo quien se puso al frente. Buba y Cachorro eran mi familia, y por ellos debía pelear contra lo que fuera.

Cachorro se queda sin aliento

A medida que avanzábamos percibíamos los más variados olores y la boca se nos llenaba de agua. No habíamos comido y necesitábamos alimento. Comenzó el atardecer, ¡menos mal! El sol dejó de ser abrasador, y la brisa fresca nos permitía ir despacio.

En eso, una voz de un tipo que ya conocíamos bien, pero muy raras de encontrar, nos habló y nos dijo no sé qué palabras que nos alegraron, extendió su ala y nos ofreció un alimento de esas cosas maravillosas que tienen un sabor muy bueno. Cachorro, como siempre el más atrevido, se lanzó a comer todo lo que sacaba de una bolsa. Lo devoramos sin dejar ni una miga.

Buba movía la colita, satisfecha. Hacía tanto tiempo que no la veía así, que me contagió, y por unos momentos fuimos felices. Esa voz nos llenó de cariño, nos alimentó y acarició. Después, como siempre, se alejó de nosotros. Nos quedamos de pie, sin movernos. Habíamos disfrutado de un momento de amor que nos caló hasta los huesos.

Así estábamos los tres, viendo cómo se alejaba, cuando de repente cachorro echó a correr detrás de él. Buba y yo corrimos también, esquivando los autos que nos deslumbraban con las luces. Corrimos muy rápido, levantando una considerable polvareda, pero nuestro cachorro era tan veloz que temimos perderlo. Se dio por vencido cuando lo perdió de vista entre la multitud que poblaba la calle. Fue consciente de que no volvería a verlo, y le invadió una ola de tristeza.

Al llegar a su lado, Buba, muy asustada, lo llenó de caricias y le hizo regresar al lugar donde habíamos estado comiendo. Creo que nuestro cachorro empezaba a ver la vida de otra manera. Era como si todo el dolor pasado no lo hubiera tocado ni afectado, pero ese gesto de amor sincero que había conocido unos instantes antes, sí.

Buba y yo, que sabíamos muy bien lo que era eso, tratamos de jugar con él y de animarlo de alguna forma. Después de un largo camino, ella pareció encontrar un escondite excelente para esa noche y nos acomodamos tras realizar el ritual de vueltas.

La noche era menos fría que otras anteriores, por lo que aprovechamos para dedicarnos a reconfortar a Cachorro, que se acurrucó como siempre en nuestras panzas. Después de verle tan emocionado con el humano que nos acarició y dio de comer, sentí una punzada de tristeza; yo sabía que él se sentía feliz en nuestra compañía, pero le hacía falta un cariño y una protección que no podíamos proporcionarle.

Como siempre, Buba hacía todo lo posible para animarlo mientras tratábamos de descansar y dormir. Quería creer que cualquier día, uno de esos seres que hablaban un idioma raro, se llevaría a mi cachorro con él, le pondría un lugar calentito para dormir, le daría comida y lo llenaría de caricias. Esperaba que ese día llegara pronto, para poder verlo, aunque me doliera perder al cachorro para siempre.

Tras la noche, el día que comenzaba era frío. Aún con el pelo pegado a los huesos, el aire helado atravesaba y me sentía aterido. Buba no había dejado de jugar y mimar a cachorro, pero su comportamiento era de alerta y búsqueda.

Después de los últimos acontecimientos, los dos éramos diferentes. A veces veía en ella ganas de rendirse y quedarse en el suelo para no levantarse más. Entonces, yo me decía que no debíamos desfallecer. Quería vivir, encontrar cosas buenas para los tres, despertar y no sentir el frío de la calle, ni el hambre que duele, sentirme limpio, y ver el pelo de Buba y el de mi pequeño tan brillante como el de algunos perros que a veces vislumbraba al caminar por las calles, dentro de sus casas, protegidos y alegres.

Buba y Cachorro iban muy juntos, caminando lentamente bajo el frío. Esperaba llegar a un lugar menos peligroso que ese por el que transitábamos, donde cientos de luces moviéndose de acá para allá me daban un miedo espantoso. Muchas veces he sentido tan cerca de mi cuerpo esos autos, con un olor tan fuerte que me entraba por la nariz, caliente y ruidoso, que en algunas ocasiones me quedaba aturdido del miedo y no reaccionaba hasta que me asediaban con ese sonido que me hacía correr espantado. La luz me cegaba y no sabía para dónde dirigirme. De verdad, hay que ser muy astuto para lograr cruzar una calle de un lado a otro.

Avanzando en nuestro camino, el cuerpo se fue calentando un poco. Buba y mi cachorro iban aprisa, mirando lo que encontrábamos a nuestro paso. A veces nos parecía que habíamos recorrido el lugar hacía mucho tiempo, pero luego encontrábamos cosas y escenarios que nunca habíamos visto.

Un lugar diferente

A través de un camino polvoriento desembocamos en lo que luego supe que era una granja. Había muchos animales de todos los tamaños; unos, grandes y gruesos, otros flacos. Caminaban continuamente por un gran terreno y comían la hierba que iban encontrando. Nos separaba de ellos una cerca, por lo que Cachorro se atrevió a ladrarles. Él creía que no podían alcanzarle, y con eso se distraía.

Así seguimos un buen rato, hasta que encontramos el lugar donde viven esos seres, los de dos patas, los humanos. El olor que nos llegaba parecía bueno y no sentimos el miedo habitual a la hora de acercarnos. Como siempre, Cachorro, sin encomendarse a nadie, salió despavorido hacia la casa. Después le seguimos Buba y yo.

Me adelanté para que no le recibieran a patadas, pero en ese momento, ya muy cerca, uno de esos seres, alto, muy alto y flaco, salió alertado por los ladridos de Cachorro. Me asustó tanto ver a cachorro corriendo hacia él moviendo la colita, que me puse alerta, por si era necesario atacar. Sin embargo, ese ser se agachó y tendió sus alotas hacia nosotros. Ese es uno de los gestos que me produce los sentimientos más hermosos. Bajé la guardia y me dejé acariciar, al igual que Buba y Cachorro. Este último corrió como loco alrededor del grandote, saltando y dejándose querer. No sabíamos qué nos decía, pero sonaba agradable.

Habíamos recalado en un espacio repleto de árboles, y de animales grandes y gordos que iban y venían lentamente, como paseándose. Y ese ser larguirucho nos estaba haciendo felices.

Otro de esos seres salió de la casa para reunirse con nosotros. Diferente al larguirucho, sus alas eran cortas y sus patas también, pero al igual que él, se agachó para acariciarnos. ¡Qué bien se sentían aquellas alas suavecitas en nuestro lomo!

Los nuevos amigos entraron a la casa y nos dejaron pasar a los tres. Íbamos brincando y moviendo la cola. Los vimos moverse de acá para allá y agarrar muchas cosas que después nos acercaron. ¡Era comida! y se veía como para chuparse las patas. Cachorro casi se tiró de cabeza al plato que le dieron. La comida tenía un sabor diferente a otras que habíamos probado, pero la devoramos rápidamente, y miramos a nuestros benefactores con la esperanza de que nos invitaran a otro poco más.

Las palabras que nos decían sonaban muy bien. Querría haber sabido qué significaban. Después de comer todavía siguieron mimándonos otro rato más. Olfateamos todo lo que vimos, hasta que el larguirucho nos pidió que saliéramos de la casa. Afuera se respiraba el aire limpio de los árboles, y de plantas que olían a dulce. Había muchas más cosas, pero no sabíamos lo que eran, porque no las habíamos visto nunca.

Los seres entraban y salían de su casa jugueteando con cachorro, así que pude relajarme y explorar todo lo que se encontraba alrededor. Había mucho para olfatear y también mucho espacio debajo de aquellos árboles grandotes; podíamos recostarnos en la sombra sin tener que estar alertas todo el tiempo. Luego, mi cachorro dio sus vueltitas y se acomodó bajo uno que parecía abrazarnos. Buba y yo nos retiramos un poquito, olfateando todo lo nuevo. Así pasamos el tiempo, con la barriga llena y colmados de mimos; volvimos a ser felices. Cuando, cansado, regresé al árbol donde se encontraba mi cachorro, dormidísimo ya, me recosté junto a él. Después llegó Buba de su paseo, y también se tumbó junto a nosotros. ¡Aquello era el paraíso!

Muchas veces sentí que los tres buscábamos algo, pero no sabíamos qué. En otras ocasiones me decía que teniendo a Buba y a mi cachorro lo tenía todo. Sin embargo, reconocía que sería mejor que el pequeño no viviera en peligro. Cuando le miraba, recordaba a mis hermanitos, a mi mami, que quizás estarían sufriendo lo mismo que yo, o tal vez no hubieran sobrevivido. En mis sueños más hermosos podía verlos a todos al lado de una familia de humanos que los cuidaban y no los separaban; que podían jugar y acurrucarse para dormir.

Esa tarde, después de descansar, abrí los ojos y vi que mi cachorro estaba tan lejos de mí que apenas distinguía su cuerpo, le ladré para que regresara, pero él me miró y siguió interesado en lo que había encontrado. Buba salió corriendo para ver qué estaba pasando. Yo también corrí, creyendo que estaba en peligro. Al llegar descubrimos que se estaba revolcando sobre un animal muerto. Buba y yo hicimos lo mismo; eso nos hacía sentir protegidos contra las amenazas de otros animales.

Las palabras que ahora entiendo

Existe una razón por la cual ahora puedo contar mi historia. Fue ese día en que todo cambió después de haberme rendido totalmente ante las adversidades. Ocurrió tiempo después de que me salvara el ángel. Había dormido muchísimo, soñado, y llorado la partida de lo que más amaba, mi familia. Entonces, como por arte de magia, comprendí lo que el ángel me decía. Creo que tuvo lugar después de que me recibiera en su casa.

Nunca antes me había sucedido. Quizás se debió al choque entre la sensación de que ya nada podía hacerme volver a la vida, porque estaba casi muerto, y el gesto del destino de ponerme ese día ahí, frente a ese ser que vio algo diferente en mí, algo que nadie más había notado. Solamente había sentido esos ruidos que hablaban, a veces con cariño, y a veces con desprecio y miedo de que les contagiase alguna enfermedad.

Al acercarse a mí, yo noté ese amor que me transmitía con sus palabras, sus caricias, la comida, el agua... Por la noche, en épocas frías, me arropaba tiernamente con mantas calentitas. Mantenía mi espacio limpio y agradable solo para que yo fuera feliz. Mi corazón se aceleraba contento y eso creó el milagro, un milagro producto del amor, que me permitió entender lo que me decían los humanos.

Buba, el cachorro y yo

Seguíamos en la granja. Después de una tremenda revolcada, Buba, el cachorro, y yo, corrimos sin parar jugando por aquel lugar, entre todos esos animales. El pelo del cachorro aparecía cubierto de espinas y se veía diferente. Creo que las fue recolectando desde nuestra llegada. Esas espinas picaban y, para quitarlas, Buba las arrancaba con pelo y todo. El pequeño se tiraba al suelo para que se las quitase, pero no tardaba mucho en querer escapar de los tirones que le daba con los dientes.

Los ruidos de uno de esos autos que echan humo nos alertó, y la pareja de humanos entró en él para alejarse. Estuvimos allí quietos, sin saber si volverían. La luz que nos había calentado durante el día empezó a apagarse. Dimos media vuelta y nos dirigimos al árbol en el que habíamos estado cubriéndonos del calor. Allí esperamos sin movernos hasta que la otra luz que brilla en la oscuridad nos hizo doblar las patas. Nos acomodamos muy junitos para dormir y protegernos de la intemperie.

La noche tenía diferentes olores, sonidos y colores, destacando los de la tierra y la hierba húmeda. El silencio de las personas que nos habían acogido hacía crecer los sonidos que emitían los animales pequeñitos, que parecían ponerse de acuerdo para arrullarnos.

Los animales grandes alfombraban el terreno, pues la mayoría dormían regados por todo este inmenso lugar. Cuando alguno de ellos se ponía en pie, el polvo bajo él volaba y lo cubría todo. Su manera de comunicarse era muy diferente a la nuestra. Por momentos parecían llorar, sobre todo los pequeños, que también jugaban y trataban de no separarse de sus madres.

Tal vez los seres de dos patas sean como nosotros pero con diferente lenguaje, quizás también sienten miedo, frío, hambre y soledad, puede que necesiten un compañero como nosotros, alguien a quien cuidar y que los cuide, alguien con quien jugar. Estoy seguro de que si ellos nos dieran la oportunidad, nosotros podríamos proporcionarles eso y más, sobre todo una compañía cariñosa y sincera.

La luz del día se prendió despacio y todo cambió a nuestro alrededor. Los animales empezaron a moverse cansinamente, alejándose cada uno por su camino. Cachorro y Buba se sacudieron también el polvo, y partieron a olfatear cerca de la casa de nuestros anfitriones, como esperando verlos salir, pero no había regresado. Por suerte encontramos agua para tomar y refrescarnos.

Ese día amaneció extraño. El aire soplaba fuerte y los objetos volaban junto con la tierra suelta; las hojas de los árboles hacían un ruido como si quisieran hablar. Cachorro, desconcertado, buscaba el sonido y se quedaba absorto con los movimientos de las hojas. Su carita oscilaba de un lado a otro, y sus tiesas orejitas me encantaban; era un cachorrito, pero era "mi" cachorrito.

Esperamos el regreso de los granjeros tanto como nuestro estómago nos permitió, hasta que se fue apagando la luz del día y empezamos a desesperar. Los animales continuaban con su rutina, alimentándose del verde suelo. Ambos teníamos agua, pero nosotros carecíamos de algo que llevarnos al hocico.

Buba y yo habíamos dado mil vueltas buscando pero sin encontrar nada. No sabíamos si quedarnos o marchar, hasta que cachorro nos enseñó el camino de nuevo. Él parecía tener claro que era mejor continuar, pues tal vez encontráramos algo que mitigara los rugidos de nuestros estómagos. Si lo conseguíamos, siempre podríamos regresar.

El camino que emprendimos cambiaba de colores: de pronto verde con flores y plantas, y después seco, sin vida, y con tanto polvo y piedras que era difícil caminar. A veces, tanto en las subidas como en las bajadas teníamos que agarrándonos bien con las patas.

La mirada de mi cachorro era muy diferente a la nuestra. Él quería ver todo a la vez, de arriba para abajo, de izquierda a derecha, y quería seguir todos los caminos para ver que encontraría allá. Buba y yo miramos fijamente a lo lejos para saber por dónde caminar con una mínima seguridad. Aun así, siempre íbamos de sorpresa en sorpresa.

4

EL MIEDO QUE A VECES ME IMPULSA

Ya llevábamos mucho tiempo caminando y esa luz caliente de allá arriba nos hacía más difícil avanzar. No habíamos encontrado comida ni agua, y el tramo por el que transitábamos era muy seco. Mi cachorro iba muy lento, sus patas se doblaban; debíamos apurarnos, porque así no sobreviviríamos.

Seguimos ese camino porque era silencioso y tranquilo. De vez en cuando, el aire caliente y el polvo nos hacían mirar hacia atrás; a lo lejos se veía todo igual, ramas secas, y nada más. Mal que bien, Buba y yo avanzábamos, pero, en un determinado momento, Cachorro se tumbó en medio del camino. Buba lloraba para que se levantara, lamentando no poder darle siquiera un poco de agua.

Nos apuramos para colocarlo a la orilla del camino. Entonces decidí que debía hacer algo y debía hacerlo ya, de lo contrario, mi familia moriría. No sé de dónde salen a veces las fuerzas, pero sentí encenderse mi cuerpo y mi mente, no sentía frío ni calor, ya no tenía hambre ni sed. Creo que esa fuerza se adquiere después de sentir un miedo muy grande, que te lleva a decidir: o te dejas a morir, o te dejas guiar por un "algo" que impide que te rindas.

Las fuerzas nuevas me hicieron correr muy rápido; mi lengua babeante pedía agua, pero mis músculos no iban a parar hasta encontrar la salvación de lo que

más quería. Al correr, miraba para todos los lados. El aire en mi cara me avisaba de que la situación cambiaría muy pronto, y corrí aún más rápido. Sabía que había pasado tiempo avanzando, porque mis patas empezaban a sentir el suelo diferente; por lo menos, ya veía plantas en mi camino, y aceleré. No sentía el corazón, y el cansancio estaba ausente de mi cuerpo. Eso sucede cuando todo se ve perdido, y actuamos solo con lo que hay en el corazón y en las patas. Y al final, el milagro llega.

El cielo, el aire, la vista…, todo era diferente después de no sé cuántas horas de trotar. Aquí estaba, llegando a la salvación: la sombra más hermosa, los arboles gigantes, un arroyo con agua fresca, las hojas con esos sonidos que me invitaban a revolcarme y cerrar los ojos… Pero no vacilé ni un instante: di la vuelta de regreso con la misma o más energía con la que salí, porque llevaba la esperanza de encontrar a mi familia con vida.

Durante el regreso, mis patas ardían, pero la fuerza que me impulsaba era la misma que cuando salí. Volví a pasar por el mismo camino pedregoso, seco y sin vida. En algunos momentos me daba la sensación de que estaba perdido, que me había equivocado; pero era el mismo por el que había transitado angustiado hacía unas horas. Cuando sentí la tierra suelta bajo mis patas y el calor plomizo, supe que quedaba poco para llegar, y aceleré.

Me preparé para lo peor, porque Buba y Cachorro estaban en el mismo lugar donde los había dejado. Les noté rendidos y traté de que entendieran que había encontrado el lugar que habíamos estado buscando. Di vueltas a su alrededor, brinqué y avisé de que debíamos seguir. Quería que entendieran que no los iba a dejar ahí. Me costó hacerles reaccionar. Finalmente lo conseguí, y allí íbamos los tres, como siempre. No andábamos muy rápido, más bien eran unos pasos cansinos, pero, al menos, nos movíamos. Yo iba en cabeza tirando de ellos, haciéndoles saber que debíamos darnos prisa.

Al disminuir la velocidad con la que había explorado el camino, empecé a sentir el cansancio, y el dolor comenzó a hacerse presente. En algunos tramos corríamos milagrosamente, pero luego continuábamos casi arrastrándonos. Lo volvíamos a repetir una y otra vez, por aquello de avanzar más rápido. El éxodo parecía eterno, sobre todo ante el temor de que, en cualquier momento, podríamos caer y nos fuera imposible levantarnos.

Pero, a rastras, doloridos, sedientos y hambrientos… ¡llegamos! Estábamos los tres juntos y a salvo como si hubiéramos cruzado la línea de la muerte. Y nos esperaba un interminable banquete de agua con forma de riachuelo.

El sonido de ese arroyo nos había regresado a la vida de nuevo, el agua fresca y la sombra de los árboles enormes nos habían salvado. Bebimos hasta saciarnos, nos empapamos y, uno a uno, buscamos un lugar donde descansar. El olor a tierra, las plantas frescas y jugosas, y los altos árboles nos arrullaron y caímos dormidos. Entre sueños escuché el movimiento de las hojas, el sonido del aire limpio. En ese momento no podíamos pedir más. A veces, la felicidad radica en tener lo que necesitamos en un instante concreto. Nada más.

Aun así, sentí cómo mis patas cansadas empezaban a dolerme por el esfuerzo. Mi cuello había dejado caer la cabeza, rindiéndose, avisando que todo estaba bien. Pero, ¿por cuánto tiempo? No lo sabía, nunca se sabe. Me dormí.

¿Cuánto tiempo habría pasado cuando abrí los ojos y ya mis compañeros estaban estirándose? Seguramente el hambre les hizo despertar. Me levanté también, pero un soplo de aire fuerte casi me tiró al suelo. No sé si era mayor el cansancio o el hambre que sentía mi panza.

Emprendimos la búsqueda por ese lugar, olfateando todo, volvimos a remojarnos la patas, y cada uno por su lado buscaba alimento. Ahí, en la orilla del arroyo, como en cualquier lugar, la basura es lo primero que aparece, y aunque no habíamos visto a ningún humano, sabíamos que si encontrábamos basura, seguro que también los encontraríamos a ellos.

Cachorro era experto en desbaratar los pedazos de lo que ellos desechan. Algunas cosas saben bien y no huelen excesivamente mal, por lo que nos afanamos los tres para encontrar algo bueno que nos diera la energía que necesitábamos. Y para seguir nuestro camino.

La llegada de Flaco

Ya casi repuestos, caminábamos lentamente, unas veces hacia adelante, luego regresábamos, dábamos vueltas y seguíamos los olores. La basura buena se podía comer, la mala no.

Yo me adelantaba al oír un ruido, olfateaba y seguía avanzando; buscaba entre los arbustos y removía la basura. En ello estaba, cuando se escuchó un chillido desconocido que nos fue imposible saber de dónde provenía. Husmeamos y vimos a un animal pequeño, con poco pelo y muy flaco. Muy raro. En sus patitas apenas brillaban unos pocos pelos; su cabeza era huesuda y despeinada, pero tenía unos dientes más afilados que los míos. Parecía estar muy enojado, y con miedo. Intentaba arañarme insistentemente, por lo que me quedé quieto esperando a que se cansara, pero se calmaba y volvía a atacar.

Buba y cachorro ya habían llegado para investigar de qué se trataba. Los tres estábamos mirándolo, lo que le debió exasperar aún más; tal vez creía que podríamos atacarlo y comerlo, pero hasta entonces no habíamos matado para comer, por lo tanto, tampoco lo íbamos a hacer en esta ocasión.

El animalillo no se cansaba de enseñarnos los dientes y amenazarnos con sus garras para que nos alejásemos, pero Cachorro quería saber qué era. Tratábamos de acercar el hocico para saber más, pero no era posible, y yo me retiré despacio para no alterarle más. Buba hizo lo mismo, y seguimos alrededor con nuestra búsqueda de alimento. Mi hijo perro seguía necio en querer tocar al flacucho, pero yo no esperaba que lo consiguiera.

Ya llevábamos mucho tiempo en ese lugar, y aunque teníamos agua y sombra, como en otros lugares que habíamos encontrado, había que buscar con qué alimentarnos. La luz de arriba había empezado a apagarse, el tiempo pasaba, y solamente habíamos encontrado unos pocos restos que lamer entre toda la basura esparcida por doquier. Busqué a mi familia. Los encontré debajo de unas plantas cubriéndose ya del frío. Otra vez aguantando, pero juntos y con agua fresca en el camino.

Cerré los ojos cuando sentí el calor de mi manada. Los tres juntos metimos el hocico entre nuestras patas, para cubrir la cara del frío, y esperaremos a que la luz grande saliera nuevamente para seguir el camino.

Profundamente dormido, me despertó un ruido extraño y al abrir los ojos lo que vi me hizo recordar lo que era sentirse completamente solo. El flaco estaba aquí entre nosotros. El mismo animal huesudo que se nos había enfrentado se ovilló en el cuerpo de mi hijo y hacía un ruido que yo no había oído nunca. A Cachorro no le molestaba, y yo no podía espantarlo, pues, tras descubrirnos, seguramente ya no tuvo otra opción más que seguirnos. Me acurruqué de nuevo. Empezaba a sentirse el frío que anuncia ese cambio que de repente nos moja con trombas de agua que cae sobre nosotros.

Al abrir los ojos, la luz ya alumbraba. Mi familia daba sus primeras estiradas y bostezos, pero no vi al flaco. No estaba allí y no dejó rastro para buscarlo. Ni Cachorro ni Buba parecían haberse enterado de su ausencia, porque los dos estaban haciendo la inspección habitual en el área. El aire era frío, los árboles, de gran tamaño se movían continuamente y el agua del riachuelo estaba demasiado fresca, pero me gustaba sentirla en mis patas. Los tres estábamos remojándonos y revisando alrededor para decidir si quedarnos o salir antes de que se apagara la luz otra vez. Íbamos caminando por la orilla, buscando alimento entre las cosas que encontrábamos.

Pasamos largo tiempo allí. Buba encontró una bolsa llena de pedazos de comida que nos apresuramos a ingerir.

Con las patas y el hocico despedazamos el envoltorio y sacamos lo aprovechable. Seguimos olfateando tratando de encontrar algo más para poder aguantar el camino, cuando de repente asomó el flaco entre las patas de Buba. Era él otra vez, ¿cómo podía aparecer de aquella manera, sin hacer absolutamente nada de ruido? Así, lento como entró, estaba comiendo, y nadie lo interrumpió. Ahora no peleaba, más bien trataba de no molestar para que le dejásemos participar de las viandas. Fue entonces cuando supe que ese ser tan silencioso era un gato.

Lo que había en la bolsa no era mucho, pero con eso tendríamos energía para seguir, incluso el flaco, si es que nos seguía a donde fuésemos. El gato parecía lastimado de su parte trasera; al caminar, sus patitas flacas se iban de lado. Pero, eso sí, saltaba con las delanteras y se las arreglaba bastante bien.

Buba nos hizo ver que allí no habría más alimento, y abandonamos el lugar. El flaco iba muy pegado a Cachorro, detrás de Buba, que encabezaba la marcha, y yo me adelantaba y retrocedía incansable buscando algo más que engullir. No sabía si el flaco nos seguiría el paso, aunque muchas veces estuvimos a punto de rendirnos por el exceso de agotamiento. Estábamos acostumbrados a resistir largas caminatas bajo el calor y la lluvia hasta encontrar algún lugar seguro, pero en ocasiones creíamos que no lo íbamos a lograr.

Al caminar perdí de vista a Flaco. Desde que apareció por primera vez, eso era una constante: tan pronto estaba, como no.

Dejamos atrás el lugar con arroyo para encontrar un camino nuevo. Iba detrás de mi hijo, que se rascaba mucho y sus tiesas orejitas ya casi no tenían pelo. A pesar de que nos alimentábamos con lo que encontrábamos, de su cuerpo sobresalían los huesos y sus patas y su colita eran más largas. Seguimos un largo camino de tierra seca, con un cielo plomizo sobre nuestras cabezas. Por lo menos, la luz que quema nos dejó descansar y se hacía menos pesado el recorrido.

Cómo decir adiós a mi cachorro

Luces lejanas nos avisaban de que se acercaba un cambio. También se notaba en las patas, porque habíamos pasado de andar sobre polvo suelto a transitar por piedras, basura, y plantas recién brotadas.

Aunque Buba había cambiado, no dejaba de vigilarnos. Nos acechaba al caminar, inspeccionando que todo estuviera bien. Las luces cada vez estaban más cerca, ya se escuchaban los ruidos de esos espacios donde los humanos parecen correr sin sentido de un lado para otro, y nos llegaban los olores a comida. De pronto todo era diferente. Tratamos de cruzar una calle, pero los autos que pasaban como rayos nos tenían muy asustados. El sonido fuerte, el olor y sus luces no nos dejaban correr. Solamente podríamos volver hacia atrás o cruzar corriendo; no tendríamos tiempo de cuidarnos entre nosotros como siempre habíamos hecho.

La luz de arriba se había apagado por completo, pero a nuestro alrededor otras muchas más brillaban encandilando la vista. Mis ojos veían el brillo en medio de una noche oscura, y también la sombra de mi querida familia, que no se apartaba de mi lado.

Mi corazón latía tan rápido que casi no lo sentía, el frío en mi panza y el miedo no me dejaban dar un paso, y al resto de mi pequeña manada le sucedía lo mismo. Mis ojos se clavaron en Cachorro que, acomodando sus patas, me avisó de que iba a hacer algo, aunque no supe qué. Todo fue tan rápido y lento a la vez, que no reacioné hasta que el mismo miedo que me tenía paralizado me hizo correr detrás de mi amado hijo. No pensé en Buba, ni en nada más, solamente fui detrás de las patas de mi hijo, que corría esquivando los autos que nos lanzaban ruidos espantosos. Las luces no me dejaban ver. En algunos momentos me fue imposible verlo, quería seguirlo y no perderlo, para lograr atravesar esa calle sin fin.

Actuar por puro instinto es lo que queda cuando el miedo te supera. La mente se congela, el frío y el hambre no existen cuando lo único que se necesita es una oportunidad. Correr, correr como siempre, salvar la vida por un día más.

Así, cuando estaba casi a punto de cruzar esa terrorífica calle, se reveló ante mí la más horrible de mis pesadillas. Uno de esos autos que tanto nos asustan golpeó a mi cachorro de una forma brutal: lo vi dar vueltas, golpeando una y otra vez la calle con su cuerpo. Traté de agarrarlo esquivando cuanto encontré a mi paso para salvar su vida. Todo pareció detenerse: los ruidos, el movimiento...

Me acerqué a mi hijo y, con los dientes, lo arrastré hasta la parte opuesta, esa que necesitábamos alcanzar hacía unos instantes. Lo empujé suavemente, llorando, pidiéndole que despertara, que no nos dejara solos en esta vida que nos tocaba transitar. Su hocico lleno de sangre, y su cuerpo sin movimiento, me decían que mi amado cachorro ya se había ido a otro lugar, y yo quería irme con él.

No sabía qué hacer. Todas las fuerzas me abandonaron. Me sentí morir también. Frente a mí apareció Buba como un reflejo desgarrador. Allí nos dejamos caer aferrados al cuerpo de nuestro cachorro. La única alegría que teníamos se había ido, y la pena no nos dejaba mover un solo músculo del cuerpo. Los ruidos, la maldad y el miedo ya no nos lastimaban, nada podría ser peor que lo que nos acababa de suceder. Y deseaba que la muerte llegara pronto para mí y para mi compañera, porque seguir viviendo ya no tenía sentido.

Pasó mucho tiempo y los ruidos se fueron apagando a nuestro alrededor hasta casi quedar envueltos en el silencio, sin que ni uno de esos seres que cruzaban veloces en sus vehículos se acercara para ayudarnos. Nosotros seguimos acurrucados junto al cuerpo de nuestro cachorro, que ya empezaba a enfriarse. Su calor, que era como una luz en nuestra vida, se había apagado para siempre. Instintivamente me levanté y lo arrastré hasta un rincón. Allí, continuamos abrazados a nuestro único deseo de vivir, que ya no estaba con nosotros.

Perdí el sentido del tiempo sumido en el dolor, y cuando alumbraba un nuevo día, abrí los ojos y pude ver infinidad de gente corriendo de aquí para allá. Solo podía ver sus movimientos, porque el rincón donde nos encontrábamos nos tapaba parte de la visión, y también nos ocultaba de su vista. Podíamos seguir allí indefinidamente. Ni el cuerpo ni el corazón nos impelían a movernos.

Mi compañera levantaba la cabeza, una que otra vez, y volvía a meterse bajo las patas de cachorro. Cambiábamos de posición continuamente en un intento vano de hacerle reaccionar con nuestro calor, pero seguía sin moverse. Ahora, su cuerpo era diferente. Ya se habían alternado varias veces la luz y la oscuridad. Nada había cambiado: nuestro cachorro estaba frío, y nosotros entumecidos.

¿En qué etapa nos encontramos? No lo sé. Ya no sentía el hambre. Antes, por más miedo que sentíamos, por más peligros que librábamos, el estómago siempre nos avisaba de que debíamos comer algo, aunque fuera basura. Ahora era diferente, era una sensación nueva. A pesar de la falta de alimento, mi vista era más aguda y sentía el movimiento de mis ojos observando a lo lejos, desde este rincón oscuro, la fuerte luz que se prendía y después se apagaba. El cuerpo de nuestro cachorro había empezado a cambiar de aspecto y habían llegado animalillos por doquier invadiéndonos y atacándolo. No sabíamos si llegaron de afuera o encontraron vida adentro de su cuerpo. Así pasaron muchas más luces encendidas y apagadas.

En un vano intento por proteger a nuestro hijo, empezamos a matar a los animalillos que se alimentaban de lo que quedaba de él. Eran demasiados, y aunque los tragábamos, aparecían de nuevo y atacaban con más fuerza.

En todo ese tiempo, la mirada de Buba no se volvió a encontrar nunca con la mía. Se hallaba tan perdida como la de aquel perro que un día encontramos por el camino. Ambos estábamos tan abatidos, que no creía que nos quedara mucho tiempo de vida. Eso era bueno, pensaba, porque deseaba que nos fuéramos juntos; no quería verla morir, ni quería dejarla sola. Para nosotros se había acabado la ilusión de alcanzar una vida mejor. Lo único que deseábamos era morir ya, dormir para siempre.

La oscuridad y la luz habían ido y vuelto varias veces. De mi cachorro ya no quedaba nada; si acaso, un poco de pelo pegado al suelo. Nosotros seguíamos allí. Estábamos muy cansados y sin energía por la falta de alimento. Creo que continuábamos con vida por los animalillos que comíamos cuando atacaban a nuestro hijo. Buba era todo huesos y piel, y creo que yo no era muy diferente. Habíamos pasado mucho tiempo en aquel rincón sin tomar absolutamente nada.

Presos de la inanición, por un momento, un ruido fuerte nos hizo sacudirnos y tratar de levantarnos, pero las extremidades no reaccionaron. Un ser de dos patas se había acercado hasta nosotros y trataba de espantarnos a base de gritos y patadas. Sentíamos los golpes, pero no dolían, porque teníamos dormido el dolor.

Volvimos a tratar de incorporarnos, esquivando algunos golpes, pues ese ser insistía en que nos fuéramos. A paso lento nos encaminamos hacia donde nos guiaba con los golpes, pues no teníamos fuerzas y apenas conseguíamos mover las patas, temblorosas y muy débiles.

Avanzamos en la oscuridad, con la cabeza más baja que nunca, dejando atrás lo que más queríamos. Más que andar nos arrastrábamos, cuando fui consciente de que una sombra nos acompañaba. Me asombró descubrir que era Flaco. ¿Cuándo lo habíamos perdido? ¿Cómo era posible que apareciera allí, después de todo este tiempo? Igual de maltratado, o más que antes, caminaba junto a nosotros. Tal vez nos estuvo vigilando todo este tiempo, desde que atropellaron a Cachorro, y se mantuvo a distancia. Ahora estaba allí nuevamente. Lo miramos, pero sin detenernos a observarlo.

El aire empezaba a cambiar, la luz se prendía, y mi compañera se derrumbó de cansancio entre matorrales y polvo. Flaco dio unas vueltas a su alrededor y se pegó a ella ronroneando. Esperé que él lograra devolverle un poco de ánimo para seguir.

Allí estábamos otra vez, en la tierra. Vimos cambiar el cielo, que se encapotó y empezaron a caer gotas. Nos cubrían unas ramas secas que no desviaban el agua, pero no teníamos fuerzas para buscar otro escondite mejor. La lluvia caía fuerte, y Flaco se acurrucó debajo de nuestro cuerpo, tratando de cubrirse. Volvía a sentir el golpe, pero no el dolor. La lluvia, inmisericorde, nos mojaba, pero el frío ya no dolía. El agua corría en torrente llevándose todo a su paso, la basura y la tierra.

Seguir sin Buba, seguir sin Cachorro

El espacio en el que nos encontrábamos se hacía cada vez más grande por el agua, que barría la tierra, pero ninguno de los tres se movía. Empapados y llenos de lodo, cuando la lluvia cesó, me sacudí y traté de animar a Buba, que seguía inmóvil. Flaco salió de debajo de su cuerpo lloriqueando.

Con el hocico agité a Buba para que despertara, pero no se movió. Ladré y gesticulé con mis patas. Ladré más fuerte y di vueltas y vueltas, para despertarla. Lo repetí una y otra vez sin resultado. Lamí su cara, y entonces me di cuenta de que su cuerpo estaba frío, como el de nuestro hijo. Buba también se había ido, y yo estaba solo. Unos rayos de luz se filtraron a través del cielo gris calando mis ojos. Mi alma se dirigió al cielo pidiendo piedad. En mi desolación, busqué a Flaco pero, como siempre, había desaparecido.

Quería que regresase mi compañera, no debió dejarme aquí tan solo, no entendía por qué seguía vivo, pero sabía que no duraría mucho así.

Estaba solo. Traté de cubrir a Buba, pero solo encontré basura seca. No quería que desapareciera como el cachorro. La tapé y me alejé. Quería creer que al caminar, la encontraría en otro lugar, donde la iba a volver a ver tal cual la conocí. Corrí como un loco queriendo eliminar hasta el último aliento. El lodo en mi cuerpo se hizo polvo y después el polvo voló, y yo seguía allí. Las patas me temblaban, y sentía cómo se movían despacio mis huesos al caminar, para encontrar el escondite perfecto para dormir. Esta vez sí iba a dormir para siempre.

5

LA OTRA VIDA

No sé cuánto tiempo caminé casi sin notar por dónde iba. Los paisajes cambiaron muchas veces antes de llegar a este lugar, a la puerta de mi ángel, de mi amada amiga humana, que no dudó en perseguirme para que no me fuera.

Ese fue un día mágico. ¿Por qué yo? ¿Por qué después de caminar tanto, primero solo, y luego acompañado por mis amigos sucedió ahora? Hubiera querido que ellos estuvieran hoy aquí conmigo para comprobar que lo que tanto buscábamos existía. Para poder mostrarles que solo faltaban unos pasos más para que todos disfrutáramos de este milagro. Un milagro que me llegó cuando dejé de buscarlo.

Cuando ya estaba vencido vino a mí; o yo fui a su puerta, no lo sé bien. El caso es que ella apareció y mi vida cambió por completo. Ni en el mejor de los sueños fui capaz de imaginar que pudiera encontrar tanta protección, amor y cuidados.

Recuperarme de las heridas no fue fácil. Aun siendo un animal, tengo la capacidad de amar, de sentir miedo, dolor, alegría, entusiasmo y tristeza, pero también tengo la fortaleza volver a creer, aunque no lo sabía hasta hace poco. Al paso de mis días, he aprendido que caminando encontramos momentos buenos, y otros desastrosos, que nos hacen despertar, que nos hacen reaccionar como nunca, creer en lo que no creíamos y descubrir nuestros límites.

Los animales soñamos dormidos cuando hemos sido maltratados. Recordamos y notamos el miedo cuando una situación similar nos amenaza. Si una mano nos ha golpeado, sentimos desconfianza al ver otra de nuevo; si nos golpearon con un metal correremos al ver eso que nos lastimó antes. La desconfianza se genera a base dolor, no de otra forma.

Hoy, aquí, entre estas manos que me acarician, curo mis heridas, mi pelo ha crecido y está limpio. La comezón desapareció y el dolor de panza, que ya era parte de mi vida, también. Siento energía, alegría, ganas de correr y saltar, y lamer las manos y el rostro de mi nueva amiga.

Esa amiga humana que salió de la nada y que hoy lo es todo para mí. Yo la defendería con todas mis fuerzas, y con todo mi amor, para que nada la lastimara, para que sea tan feliz como yo lo soy ahora.

Desde nuestro primer encuentro han acontecido dos momentos mágicos. El primero, cuando ella me levantó del suelo y escuché su voz. El segundo, después, cuando empecé a descifrar sus palabras. No sé si ella sabe que la entiendo, que por eso hoy puedo contar lo que viví y lo que disfruto a su lado.

He aprendido a ayudarla cuando trae a casa a otro nuevo amigo, sucio y lastimado, como yo llegué aquí. En un primer momento, ella lo revisa cuidadosamente con sus manos, lo acaricia sin importarle lo enfermo que esté, le baña, le alimenta, y después le cura sus heridas, tal y como lo hizo conmigo. Yo me acurruco junto a él y le doy mi cálida bienvenida. Sé bien cómo se siente, mira con la cabeza hacia abajo y los ojitos fijos, preguntándose si esto es verdad. No importa el tamaño, puede ser un cachorrito o un perro grande, el comportamiento siempre es el mismo. La desconfianza anida dentro de uno durante mucho tiempo.

Ya llevo aquí, con mi ángel, algún tiempo. Convivo con otros perros que ella recibe, y después, cuando ya están rehabilitados, les busca un buen hogar para que puedan tener su propia familia. Y me cuenta que cada perro que ha llegado aquí ha dejado en ella un poco más de cariño por lo que hace, para seguir ayudando con el mismo amor con el que un día me recibió a mí.

El regreso del flaco

Ese día, corriendo en el patio con mis compañeros, vi a través de la reja a un montón de pelos desgreñados. Reconocí enseguida esos colores de mugre. No podía ser, ¡era Flaco! que había llegado aquí, y los demás perros trataban de empujarlo queriendo jugar con él. Yo ladré muy fuerte, avisando de que algo pasaba. Con el alboroto, llegó mi amiga pidiendo a todo el mundo que se apartara. Obedecimos y ella tomó a Flaco en sus brazos. Se veía muy maltratado, y más delgado que nunca. Su cabeza huesuda y despeinada hacía que sus ojos fueran saltones. Pero no había perdido esa fuerza para defenderse, queriendo arañar a cualquier perro que intentara inspeccionarlo. Las patitas delanteras se movían con rapidez, lanzando golpes al viento.

Después de un baño, Flaco ya se veía diferente, más escuálido todavía, pero sin esa tierra que llevaba permanentemente en su cuerpo.

Los perros han comenzado a respetarlo. Creo que se han dado cuenta de que con él no se juega. Camina y trepa por donde puede, observándonos desde lo alto. Por la noche baja y viene conmigo, buscándome y metiéndose entre mi cuerpo, como lo hacía con Buba y Cachorro. No sé cómo hizo para encontrarme. Tengo la sensación de que siempre me siguió, y aunque pudo haberse perdido por algún tiempo, hoy está aquí y, por alguna razón, quiere estar conmigo.

Aquí, unos perros llegan y otros se marchan muy diferentes de cómo llegaron, con energía, con pelo, sin pulgas. Van a encontrarse con su nueva familia, aliviados de enfermedades. Esa familia que mi ángel les ha encontrado. Ya no vivirán en la calle, la vida es para ellos un comienzo hermoso lleno de buenos augurios.

He aprendido a escuchar con todos mis sentidos. Ya en la calle, mi oído y vista detectaban y descifraban el comportamiento de los humanos. Así sabía, por sus movimientos, si me iban a atacar, o bien me sorprenderían con algún rico bocado y una caricia.

También he aprendido que esos seres tienen la capacidad de dar la más sincera demostración de amor, pero que también pueden causar un sufrimiento inmenso a otros seres, incluyendo a los de su misma especie. Comprendí lo que era un milagro cuando tantas veces nos salvamos en la calle de morir, pero no sabía cómo llamarlo, hasta que mi ángel me lo dijo. No hay explicación, simplemente se debe mantener la esperanza de que se puede vivir un día más, de que se puede cambiar cualquier situación por muy difícil que parezca, y que, cuando algo supera nuestras fuerzas, simplemente, aunque duela el corazón y el cuerpo, hay que bajar la cabeza, cerrar los ojos y dejar ir, para que sea lo que sea que llegue, entre y nos muestre el camino.

Las cosas no siempre son difíciles de entender pero sí de aceptar, y la mayoría de las veces solamente pasan. En otras ocasiones son el resultado de la lucha y el amor.

Ahora no sé qué clase de perro soy. Puedo entender las palabras de mi ángel, lo que me dice, lo que habla conmigo. Me cuenta cómo rescató a cada uno de los que estamos aquí, las dificultades que tiene para alimentar y curar a los que llegan, las condiciones en las que nos encontró a cada uno, cómo fuimos cambiando con sus cuidados. Me dice que no es fácil, pero que, cada vez, hay más gente como ella, dedicada a rescatar animales que, como yo, necesitamos un hogar.

Un día, ya listo para salir a mi paseo diario, me dijo que íbamos a ver a un perro del que le habían hablado. Estaba cerca, detrás de un basurero y parecía que aún respiraba. Yo le tenía que ayudar con mi olfato. Si estaba allí, lo encontraríamos.

Una vez en aquel lugar, lo primero que vino a mí fueron recuerdos de olores del pasado, de la suciedad pegada a mis pelos, de la tierra cubierta de desperdicios… Yo empecé a olfatear en busca del perrito, con la cola bien levantada, por si me veía, y ella llamándole con su voz suave. Pasamos mucho tiempo buscando. Empezaba a oscurecer, pero no desistimos. Tuvimos suerte, pues a pesar de la poca luz que nos alumbraba fuimos capaces de dirigirnos a una voz que gritaba "aquí, está aquí". Me lancé con todas mis fuerzas por encima de la basura y mi amiga echó a correr detrás.

Alguien más estaba buscando al perrito y, al vernos, nos llamó para que acudiéramos. Lo que encontramos fue un saco de huesos con un hocico hundido entre desperdicios. No sabemos si nos oyó, pero no se movió ni ante nuestra proximidad. Mi amiga comenzó a hablarle quedo y a acariciarle para hacerle reaccionar, pero daba la sensación de que habíamos llegado demasiado tarde. Yo percibí que su cuerpo aún desprendía calor, pero su mirada estaba muy perdida, lo que para mí era un signo de muerte.

Mi amiga no se dio por vencida y lo levantó del suelo. Lo abrazó y nos dirigimos a la casa. Allí, como siempre que encontraba a un animalito preso del último aliento, lo lavó pare retirar la mayoría de la mugre que lo cubría, le acercó un plato con agua y le habló cariñosamente. Así y todo, el animalito no daba señales de reaccionar.

La tristeza de mi amiga era infinita. Me pidió que me quedara junto a los demás, mientras ella lo llevaba con una de esas personas que nos curan con medicinas. Yo ya había aprendido que se llaman veterinarios. Obedecí y la vi alejarse. Todos los demás se acercaron a mí un poco más: estaban expectantes. También vi a Flaco, que observaba subido en lo alto de un muro. Desde que llegamos, todos percibieron la gravedad de la situación. No hubo brincos ni alboroto, como era costumbre; estaban asustados y se acercaron todos juntos, como si olieran la muerte.

Pasamos bastante tiempo en aquella especie de velatorio, pero estábamos tranquilos. Al poco, mi amiga regresó. Se le notaba triste, muy triste. El perrito tuvo que quedarse en la consulta, para poder aplicarle todos los tratamientos que permitieran salvarle la vida. Su estado era tan crítico que había pocas esperanzas de lograrlo. Teníamos que esperar al día siguiente para comprobarlo.

Con el nuevo día, la rutina volvió a requerir nuestra atención. Flaco salió de entre mis patas y trepó a un alto, igual que siempre, antes de la hora de la comida. Era la forma en que evitaba ser atropellado por los demás en su afán por comer. Una vez satisfechos, cada cual se dedica a lo que quiere. Casi siempre a recostarse y observar o correr y jugar.

A mi amiga le ayudan otras tres personas que llegan puntualmente a primera hora, una vez que tenemos la panza llena , nos llevan a caminar un par de veces al día. A nosotros nos encanta que vengan, porque también jugamos con ellos y nos miman.

Después del paseo comencé a dar vueltas buscando algo con que entretenerme, cuando descubrí la puerta de la casa entreabierta. Empujando suavemente con el hocico, entré y me acerqué a mi amiga. Al verme, me abrazó y comenzó a acariciarme y a hablar. Me contó que el perrito del basurero no había sobrevivido, pero que se había hecho todo lo posible. Así, con esa tristeza infinita que yo conocía, intentó sobreponerse y me aseguró que no se iba a dejar abatir por ello, que había que seguir ayudando a los que pudiera. No sé si sabe que comprendo su lenguaje, pero creo que sí, porque me habla como si tuviera la certeza de que la entiendo.

Pasados unos días hubo un cambio en nuestro quehacer diario. Después del desayuno nos llevaron a dar un paseo, pero a un lugar diferente. Hacía frio, porque apenas había amanecido, pero se me pasó en cuanto llegamos a ese lugar maravilloso que tanto me gusta: la playa, lo llama mi amiga. Allí puedo correr. Personas y perros jugamos juntos. Nosotros disfrutamos mojándonos las patas y con los gritos de alegría de nuestros cuidadores. También con el sonido de este lugar, tan diferente al de la casa y al de los caminos que he recorrido estos años atrás.

Cuando me siento así de feliz me viene el recuerdo de Buba y de mi amado cachorro. Los extraño mucho. Quisiera que estuvieran conmigo, porque sé que mi amiga humana los amaría tanto como a mí.

Cuando todos los cuidadores se van, mi amiga se acerca al lugar donde estamos todos recostados, descansando de la actividad fuera de la casa. Se sienta junto a nosotros y nos acaricia. Nos habla, nos cuenta cosas como si la entendiéramos. Ojalá pudiera decirle que yo sí comprendo sus palabras, que lo descubrí aquí, gracias a sus cuidados, a su cariño, a sus desvelos. Lo considero un milagro que me acerca más a ella y a su lucha por nuestro bienestar.

Me dice que lo que ella hace no es nada extraordinario, que hay mucha más gente que trabaja para ayudar a los perros que, como yo antes, viven en la calle. Y los acogen en sus casas, o les llevan a lugares espaciosos y bien acondicionados, donde conviven muchos juntos, esperando que llegue una familia que les adopte. Mientras nos habla, todos nos acurrucamos a su alrededor. No sé cuántos entienden lo que dice, pero solo escuchar su voz, ya es una bendición.

El perro diferente

Soy un perro diferente, o tal vez no. Veo a mis amigos que muchas veces también reaccionan como si entendieran lo que dice mi amiga. No estoy seguro, pudiera ser… Lo cierto es que el amor transforma, lo cambia todo, de vivir al límite, a punto de morir a la vida, del sufrimiento a la felicidad. Estos días maravillosos me han enseñado que se puede lograr.

Un animal puede sentir dolor, soledad, y emociones como el miedo y la alegría. Somos diferentes a los humanos, pero en muchas maneras reaccionamos de forma parecida: defendemos con furia lo que amamos, proporcionamos cariño, nos enfermamos y sentimos dolor.

Los perros también tenemos nuestras diferencias. Algunos aquí son muy juguetones, a otros les gusta la calma, muchos de nosotros no hemos podido dejar del todo nuestra forma de vida en la calle. A veces escondemos comida queriendo guardarla para después. Algunos perros lloran cuando la luz se apaga, y se acurrucan junto a otros para sentir compañía.

En mi caso, el camino por la calle fue muy largo, perdí muchas veces la esperanza, me despojaron de mis amados amigos, sentí en mis patas el calor abrasador del ardiente suelo, el agua de la lluvia empapándome hasta hacerme tiritar, la oscuridad de la noche, amenazante y llena de fantasmas, y el dolor de la enfermedad. Pero también vi cosas hermosas, como amaneceres pintados de colores brillantes. Hoy, aquí, mi corazón brinca de alegría con esta nueva compañía llena de amor y esperanza.

En este espacio, donde convivimos perros de diferentes tamaños y colores, también hay árboles y mucho espacio para correr y jugar juntos. Todos se ven felices. Algunos, reponiéndose de heridas importantes, observan antes de atreverse a explorar el área. Mi amiga se esfuerza para que ellos mejoren y puedan reunirse con una familia que los reciba como parte de la suya.

Un perro con su nueva familia

«Hoy es un día especial», me decía mi amiga cada vez que uno del grupo dejaba este lugar para ir, según ella, a uno mejor. Yo no sé si existirá un lugar mejor, aquí tenemos todo lo bueno. Ella me ha informado hoy, de que iba a venir una familia interesada en adoptar un perro y llevarlo a su casa.

Cuando llegaron, tres personas entraron en la casa y mi amiga, muy emocionada, les mostró a todos los que allí habitábamos. Nos contagió su entusiasmo y comenzamos a brincar, oler y corretear alrededor de los visitantes. Ellos venían a conocer a un perro grande que nunca corría, porque de tanto maltrato que había recibido se encontraba francamente lastimado.

Cuando llegaron a donde se encontraba, se mostró contento y se dejó abrazar como si les conociera de toda la vida. Nosotros, los demás perros, observábamos la escena y no dábamos crédito a nuestros ojos, porque realmente era impactante ver la conexión emocional de ambos, perro y humanos. Con las orejas tiesas, se levantó sobre sus patas traseras y les fue abrazando uno a uno ¡Qué horrible vida debió llevar para aferrarse a ellos de esa manera! Bueno, en realidad, aquí todos tenemos una historia del antes y el después.

Tras de acariciarnos a todos, la nueva familia de nuestro amigo se lo llevó con ellos. Mi amiga, y todos nosotros, observamos juntos a un perro que, por fin, había encontrado un auténtico hogar. Cuando se marcharon, les despidió desde la reja del patio, de pie, con las manos aferradas a los barrotes; se le veía triste. Esperé a que se pasara el momento y, al volverse y verme, una amplia sonrisa iluminó su rostro. Era la primera vez que observaba ese gesto. Me puse contentísimo y comencé a brincar a su alrededor. Los demás me imitaron. La alegría fue general.

Tras la despedida, la vida en la casa siguió su curso. Era "el día del baño", como lo llama mi amiga. Esas palabras las entendemos todos, por lo que algunos corren a esconderse mientras otros se dejan bañar agradecidos. Pero es igual, nos guste o no, todos acabamos remojados, porque la operación cuenta con voluntarios que impiden que haya uno solo que escape a la sesión de higiene.

Desde que estoy aquí, los días han ido pasando con tranquilidad. Varios amiguitos se han ido con sus nuevas familias y nosotros seguimos disfrutando de los diarios paseos, juegos y de nuestra comida.

Otro cachorro en mi vida

Con la placidez de los días relajados y felices, no pensé en ningún momento en que mi vida podía cambiar, porque, realmente, no lo necesitaba. Pero hoy ha llegado un cachorrito que ha llamado poderosamente mi atención. Alguien vino con él en brazos. Se lo entregó a mi amiga. Procedió a revisar su estado y encontró huellas de maltrato, con la carita ensangrentada, un cuerpo formado por huesos y piel, una cabeza que se veía enorme en comparación con su tamaño y unos dientes rotos que apenas se veían. Me pareció que mi amiga iba a tener una gran tarea para recomponer al cachorro. Me recordó a mi pequeño. Él no tuvo esta oportunidad. Una nube de tristeza veló mis ojos por un instante.

El cachorrito apenas se movía, en sus ojitos pude ver el miedo, pero no tenía fuerzas para defenderse; no lo tenía que hacer pues por fin estaba a salvo, pensé. Después de la revisión detallada, mi amiga y su acompañante se retiraron para llevarlo al doctor de perros. Regresaron mucho después con él. Era una buena señal. Entré en la casa a hurtadillas y me acerqué a su lado. Estaba dormido y me pareció que le costaba respirar, pues noté sus quejidos. Sólo pude ver sus pequeñas orejas, que sobresalían de la mantita con la que le habían envuelto para proporcionarle calor. Me acosté a su lado. Mi amiga lo observó y aceptó mi decisión.

Allí me quedé mucho tiempo, pero el cachorrito no reaccionaba. Empecé a lamerlo despacito para que sintiera que no estaba solo, pero me volví a acomodar porque no funcionaban mis caricias.

Decidí dar una vuelta fuera de la casa saliendo con el mayor sigilo, y regresé un rato después. Mi amiga estaba a su lado, tratando de que tomara un poco de agua, pero el cachorrito la rechazaba. No obstante, abrió los ojos. Nos miró a ambos y los volvió a cerrar; no parecía tener ánimos para nada. Pronto se hizo de noche y decidí acurrucarme a su lado, como hacía con Cachorro.

Así amaneció un nuevo día. El cachorrito se despertó empujándome con sus patitas y abriendo los ojos. ¡Estaba reaccionando! Mi amiga lo vio y se acercó para acariciarle. Le habló, le dijo que se iba a recuperar, que iba a ser feliz, y que nadie volvería a lastimarlo. Estaba seguro de que no la entendía, pero no fue impedimento para dejarse querer. Aunque no podía ponerse de pie, movía sus patitas y levantaba ligeramente la cabeza. El color de su pelaje era muy similar al de Buba, terroso, y sus orejas estaban pobladas de diminutas manchas. Desgraciadamente, la carita la tenía muy maltratada. ¿Por eso no quería o no podía abrir los ojos?, pensé. Yo estaba seguro de que había comenzado su recuperación. Sólo necesitaba tiempo para curar todas las heridas, las físicas y las emocionales.

Mi amiga volvió, una vez más, a ofrecerle agua, que esta vez sí acepto, por lo que aprovechó para que ingiriera las pastillas recetadas por el veterinario. A pesar de su resistencia inicial, se tomó todo. Después se quedó dormido y yo aproveché para salir junto a los demás perros. Vi a Flaco a lo lejos trepando por un árbol.

Clavaba sus uñas en la corteza y avanzaba como podía, pues aún seguía con los impedimentos propios de sus deterioradas patas traseras. Dos de los perros trataban de tirar de él para bajarlo del árbol y divertirse a su costa, pero el gatito es un auténtico superviviente y no les era fácil atraparlo. Se volvió hacia mí y, en su idioma, me preguntó qué andaba haciendo, que no me veía. No esperó mi respuesta. Sin más, desapareció entre el follaje. Sabía que me observaba y que, al final del día, acabaría durmiendo a mi lado.

Satisfecho, estiré las patas y caminé un rato para acabar durmiendo en ese huequecito que tanto me gusta. Flaco, que seguía atento a mis evoluciones, se metió entre mis patas y empezó a ronronear. Creo que me ha extrañado estos días en los que he estado tan pendiente del cachorrito que llegó a la casa, ya que casi no me he relacionado con los demás. Nos ha quedado el miedo a la soledad. Estar acompañados nos transmite la sensación de estar a salvo. Esta noche, con el techo estrellado sobre nuestras cabezas y las sombras abatidas en la tierra, se respiraba quietud. De vez en cuando, el viento traía alguna ráfaga fresca, pero no nos importaba, porque aquí, a diferencia de las calles por las que hemos andado deambulando perdidos, disponemos de un lugar donde cubrirnos de las inclemencias del tiempo y de la maldad.

El futuro con Cachorro

Un nuevo amanecer se cernía sobre nosotros. Despertamos olfateando, yendo y viniendo felices como si fuera la primera vez que estábamos en ese lugar. Grandes y chicos nos afanábamos en jugar con cuidado de no atropellar a los que todavía tenían dificultades para moverse. Flaco, como siempre, desapareció de mi vista oculto por el paraguas de hojas de un gran árbol. Los demás nos fuimos a comer ante el llamado de nuestra amiga, que sabe cómo llamar nuestra atención por muy entretenidos que estemos.

Después, me las arreglé para entrar en la casa. Necesitaba saber cómo se encontraba el pequeño. Lo que vi me hizo saltar de alegría. Sentí que Cachorro había regresado a mí. Estaba de pie, aunque sus patitas temblaban, y se le notaba muy triste. Un corte en su cara atravesaba uno de sus ojitos, pero podía abrirlo gracias a los apósitos y medicamentos que se le habían aplicado.

Tras unos instantes en esa posición, se dejó caer. Le faltaba un poco de tiempo más para recuperarse. Mi amiga le tomó en su regazo, le cantó y le acarició. Ambos nos quedamos mirándola ¡Era lo más hermoso que habíamos visto jamás! La demostración de amor más limpia hacia un perro que lo único que puede ofrecerte es una mirada y una colita moviéndose de aquí para allá.

Ella lo acostó en su camita y yo me acerqué para darle unas lamiditas, decirle que estaba con él, y que lo íbamos a cuidar y proteger. No sé si me entendió, creo que sí, porque su miradita me lo dijo. Cansado por el esfuerzo de levantarse, se acurrucó en su camita y se quedó dormido. Así, le observé detalladamente. Al igual que en todos los callejeros, los huesos destacan bajo su piel, los ojitos resaltan como dos lucecitas, y sus patas, largas están muy maltratadas. Deseé con todas mis fuerzas que se recuperara.

En ese momento, me sobresaltó un gran alboroto. Habían llegado los compañeros de mi amiga. Traían multitud de cosas y los perros estaban exultantes. Sabemos que cuando hay visita siempre nos traen galletitas, pero esta vez llegaron con muchas más cosas, incluso mantitas y casetitas para que durmiéramos calientes. Estábamos tan contentos que no esperamos para estrenarlo todo y comenzamos a revolcaros en las telas y entrar y salir de las casitas.

Cuando se fueron las visitas reinó la tranquilidad. Necesitaba saber cómo se encontraba el cachorrito, por lo que entré en la casa. Estaba despierto, acostado, pero movió su colita al verme y sus ojitos enfermos aún me enfocaron. Mi amiga estaba curándole la herida de la cara y lloraba. Me inquietaba oír sus lamentos y esperé inquieto, moviéndome de un lado para otro, hasta que terminó. Después, le abrazó, le susurró, y le cantó. Ya tranquilo, me acerqué a ambos y me recosté a su lado.

Se había hecho de noche, pero seguíamos así, juntos los tres. Me sentí parte de esos seres, tan diferentes, pero con sentimientos comunes. Aquí no existen los malos tratos, podemos confiar y acercarnos sin miedo a todas las personas que entren por la puerta. Una puerta que nos separa de la tenebrosa calle, y nos cobija.

Hoy mi amiga me confesó que, cuando encuentra un callejero y se inclina para levantarlo, tiene la sensación de que lo arranca de la tierra a la que ha pertenecido durante mucho tiempo, que las heridas hablan de lo que ha vivido y soportado. Dice que lo primero que expresamos al ser rescatados es nuestro miedo y que ganar nuestra confianza lleva tiempo.

Volviendo al nuevo miembro de la familia, éste ya había logrado mantenerse sobre sus patas algunos instantes. La herida de la cara tenía mejor aspecto, y en sus ojos parecía haberse encendido una nueva lucecita. Movió la colita y, por primera vez, me lamió cuando me acerqué a saludarle. Tras el esfuerzo, porque seguro que lo fue, regresó a su cama, pero, eso sí, contento, y siguió moviendo su colita en señal de alegría. En ese momento reflexioné sobre cómo llamarle. Estaba cavilando, cuando llegó mi amiga y le saludó con un ¡hola cachorro! Mi corazón se desbocó. Había visto en él tantos detalles que me recordaban a mi amado hijo, que escuchar ese nombre me sobresaltó y sentí alegría y tristeza a la vez. No podía volver a la vida a mi Cachorro, pero quizás este nuevo Cachorro llenara un poco el hueco que dejó el primero.

Salí al patio para serenarme. Casi todos los demás estaban jugando y corriendo, y unos pocos descansando bajo los árboles. Flaco engrosaba el conjunto. Creo que ya no quiere estar separado subido a las copas de los árboles, aunque a veces no le quede más remedio cuando, jugando, se siente acorralado. Todos están acostumbrados a que deambule entre ellos. Se mueve lentamente, vigilante, preparado siempre para desaparecer. Ahora, su pelo luce diferente: es abundante y largo. Ha crecido y se siente más seguro y confiado, pero continúa durmiendo acurrucado a mi lado.

Por lo que a mí respecta, hay días que abro los ojos y me parece estar soñando. Aunque duermo a ratos en las noches y me despierto con los ruidos, la alegría de descubrirme al amanecer en este lugar, me hace querer vivir, correr, y buscar a mi ángel protector para sentirme completo y lleno de energía. Solamente, cuando sueño con mi familia perdida, siento miedo y regresan los momentos en los cuales no pude hacer nada más para salvar sus vidas. Y sueño con despertar un día y verlos a mí alrededor disfrutando de esta vida que tantas veces imaginamos.

La lluvia nunca se olvida

El viento había empezado a soplar fuerte, los árboles se movían anunciando un cambio de los que nos ponen en alerta a todos los que procedemos de la calle. Aunque ahora tenemos refugio, la sensación que antes anunciaba peligro nos ha dejado marcados. Algunos lloran, otros buscan rápidamente el techo para cubrirse, y unos pocos esperan olfateando el viento.

Flaco no estaba a la vista, pero confiaba en que llegara para protegerse. El viento aumentó y con él llegó el agua. Mi amiga ya había empezado a proporcionarnos la protección que impidiera que nos empapáramos. Nos fue mandando a las casas. La lluvia era cada vez más intensa. Esperé a Flaco, pero no aparecía.

Inquieto, salí a buscarle. No lo encontré. A mi alrededor solo había agua que corría cual arroyo. La oscuridad no me dejaba ver más allá de las primeras hojas de los árboles, donde suponía que se había refugiado. Empapado, me sacudí y seguí buscando, ladrando para que me reconociera.

Con el ruido, otros perros se unieron a la llamada, aunque más bien creo que lo hicieron porque pensaban que había alguna amenaza. La lluvia caía cada vez con más intensidad, por lo que tuvimos que regresar, empapados, a nuestros cobijos. Yo esperaba encontrar en el mío a Flaco, pero me llevé una gran desilusión. Me acurruqué entre las mantas y cerré los cansados ojos. Los abrí varias veces esperando encontrarle a mi lado. El tiempo pasaba y no regresaba. Empecé a consolarme con la idea de que se hubiera refugiado bajo algún techo esperando a que disminuyera la lluvia.

En mi duermevela, creí escuchar un sonido que me era familiar. Se trataba de Flaco, seguro, pero no conseguía identificar el lugar de donde provenía; se oía muy lejos. Me quedé quieto y alerta. De nuevo lo oí, muy, muy lejano. Salí de la caseta, pero el ruido de la lluvia era más fuerte que el sonido que había escuchado y me era imposible dirigirme hacia él. Ladré con todas mis fuerzas y recorrí el área. Esto alertó a mi amiga, que salió a ver qué pasaba. Me miró pero yo no podía decirle lo que pasaba, porque no podía hablar. Los demás perros se habían sumado a mis ladridos y ya se había formado un coro desgarrador. A pesar de todo, yo seguía escuchando los maullidos de Flaco.

En medio de todo aquel caos de ladridos ensordecedores y maullidos imposibles de localizar, mi mirada se clavó en una figura que asomaba en lo alto de la casa de mi amiga, ¡era Flaco! Estaba empapado y lloraba. Me pareció que no podía bajar. Tenía sus uñas clavadas para no resbalar y gemía continuamente. Por más que le ladrábamos animándole a bajar, él permanecía inmóvil y aterrado. Por fin, mi amiga se percató de lo que sucedía y comenzó a llamarle cariñosamente para que se decidiera a abandonar el tejado. Lo intentó, pero resbaló y comenzó a rodar. Dando tumbos, resbalando por la superficie mojada y llegó al suelo.

Mi amiga se lo llevó dentro de su casa, y todos regresamos a nuestros lugares de cobijo. Remojados, muy remojados, pero felices del desenlace. Esa noche, tras el rescate de Flaco, los cielos parecieron abrirse y un aguacero inmisericorde estuvo a punto de ahogarnos. Nadie se atrevió a salir en toda la noche de su refugio.

Con las luces del día, tímidamente, fuimos saliendo de nuestras casas. El viento se había calmado y los pájaros, con sus trinos, anunciaban que todo volvía a la normalidad.

Hice una inspección por todo el lugar y, satisfecho, me acerqué a la puerta de la casa esperando entrar en cuanto mi amiga se descuidara. Abrió la puerta y entré como una bala buscando a Flaco para saber cómo se encontraba tras la aventura nocturna, pero antes me entretuve con el cachorrito. Lo encontré en su camita, dormido,… ¡con Flaco a su lado! Imaginé que el gato también tenía la sensación de que aquel pequeño era Cachorro.

El mejor camino

Elegir un camino siempre fue fácil para mí, porque no sabía para dónde iba, solamente seguía obedeciendo al instinto, la vista y el olfato. Por esos caminos llegue aquí, sin saber cuál era el destino. Mirar hacia atrás me hace ver que todos los caminos llevan a algún lugar, para bien o para mal. Los perros no podemos elegir, mi amiga dice que los seres de dos patas sí. ¡Qué maravilla poder decidir el camino sabiendo a dónde te llevará!

Observando al pequeño cachorrito y a Flaco, acurrucados el uno junto al otro y felizmente dormidos, mi cabeza daba vueltas con imágenes que se superponían y amenazaban con marearme. Se despertaron y, curiosamente, el cachorrillo se desperezó casi como Flaco. Apenas se acababan de conocer y parecían amigos de toda la vida. Me pareció muy curioso, porque, aparte de mí, ese gato desaliñado no permitía que se le acercara ningún otro perro.

En eso apareció mi amiga, apurada, para examinar al nuevo integrante de la manada. Lo tomó en sus brazo, pero Flaco intentó quitárselo, enojado. Ella se rio y le advirtió de que se lo iba a llevar, le gustara o no, y que no pasaba nada, pues tenía que darle su medicina. Al pequeño se le veía contento, jugaba confiado, el aspecto de su carita cortada no había mejorado mucho, pero se le notaba encantado.

Al amanecer del día siguiente regresé al patio en cuanto pude. Todos andaban afanados olfateando las hojas y cuanto había sido arrastrado por el agua. A pesar de ser temprano, el calor ya había comenzado a secar todo y se agradecía su calidez. Me uní a la manada para hacer lo mismo. Por cierto, aquí todos tenemos nombre, mi querido ángel nos los ha dado.

Lulú es una perrita gris que no para nunca. Salta y corre llena de felicidad; sus pelos desaliñados y abundantes apenas dejan ver sus ojos, oscuros como la noche.

Poli siempre alerta, y es tan delgado como Flaco. Suceda lo que suceda, él siempre llega primero: luego se escabulle entre todos y sigue su inspección.

Mati tiene el pelo y los ojos del color de la luz grande. También tiene mucho pelo en la parte trasera, como si fueran dos perros en uno. Siempre está calmada, pero al detectar un sonido extraño se transforma en un feroz animal.

Malli tiene el cuerpo de un tamaño gigante, de color arena, y cuando corre levanta polvo, y todo a su paso se altera. Fuerte y amistosa, es la energía de este lugar.

Lucas es negro como la noche, y su pelo está pegado a su piel. Su pecho blanco contrasta con el resto de su cuerpo. Tiene sus orejas tiesas y sus ojos alerta todo el tiempo. Está feliz siempre, como todos aquí.

Aun los perros mutilados reflejan felicidad, juegan a pesar de que les falte un miembro de su cuerpo y se adaptan aceptando su infortunio.

Paloma es una perrita muy maltratada, y aunque el amor y la alimentación la han cambiado, conserva cicatrices importantes en su cuerpo. Su cadera tarda en reaccionar pero siempre se las arregla para reunirse e investigar lo que pasa en cada alboroto.

Así, ellos, los que tienen dificultades, y todos los demás, disfrutamos de una vida en la que se nos permite apurar cada momento y sacarle todo el jugo al día a día.   Cada mañana, todos exploramos nuestro entorno, rodeados de árboles, plantas y cuanto ha sido necesario colocar para nuestro bienestar. Podemos correr, puesto que el espacio es muy amplio. Disponemos de sombras, de agua y de nuestros cubículos individuales, que nos protegen de las inclemencias del tiempo y están muy, muy calentitos.

Unos días después de la tormenta, tras la salida de la mañana, todos los perros se arremolinaron a la puerta de la casa. Nuestra amiga salía con algo en sus brazos. Se arrodilló delante de nosotros y nos mostró lo que llevaba: ¡era Cachorro! Muy asustado, permitió que todos le olfatearan y, ya tranquilo, caminó despacio, pero alerta. Era tremendamente pequeño, con carita de cachorrito, pero estigmatizado con las marcas de una vida intensa y difícil. Nos apartamos para dejarle pasar y explorar lo que iba encontrando a su paso. Con sus orejitas alerta y sus patitas prestas, empezó a husmear: entraba y salía de las casitas de sus nuevos amigos, pero sin confiarse demasiado. Mi amiga lo observaba con la cara iluminada de felicidad, y los demás perros lo rodeaban con más confianza.

El golpe que recibió estuvo a punto de hacerle perder el ojo, y le produjo un gran corte en la cara, pero se veía muy curado. Me di cuenta de que, realmente, era como volver a ver a mi amado Cachorro. Aunque en realidad, volqué en él todas las imágenes que conservaba y me empeñé en ver a mi añorado hijo. Así, me hice a la idea de que mi retoño seguía con vida y había encontrado una nueva oportunidad.

Su natural curiosidad y confianza le permitió seguir avanzando, olisqueando a los demás perros. Por la respuesta de todos ellos, quedó claro que le aceptaban. Ante ello, mi amiga, confiada en que estaba fuera de peligro, se dio la media vuelta y entró en la vivienda. Para entonces, Flaco se había convertido en su principal cuidador, ante lo cual se dedicó a vigilarlo y, de vez en cuando, lo rodeaba para hacerle saber que estaba pendiente.

Mi amiga nos dio de cenar a todos y añadió una casita más para el nuevo integrante del equipo. Desconcertado y temeroso, comenzó a gemir, pero Flaco entró en su cubículo y le conminó a seguirle hasta el suyo. El pequeño lo entendió perfectamente, siguió al gato y ambos se acomodaron en el mismo espacio. Ese acto me enterneció, moví la cola de felicidad y lamí la carita magullada.

A clarear el nuevo día, me sorprendió ver a Cachorro correteando de un lado para otro y ladrando y jugando con Flaco como un perro más. Ambos estaban medio tullidos, pero se sobreponían de una manera sorprendente. Pensé que eran una pareja especial unida por una afinidad que nadie podía percibir. Quizás fuera lo que ambos habían soportado…

Mi amiga dice que la mirada de un perro es lo más limpio que ha visto jamás, que en la vida de los seres con dos patas existe una maldad que no permite confiar en ellos y que lastiman sin razón alguna, pero que no todos actúan igual. Me considero muy afortunado por entender lo que me dice, pues me permite comprender la belleza de su mirada.

Además, me cuenta que, sin importar la raza o la especie, un ser viviente es capaz de recibir y adoptar la comunicación de otro que, aunque no sea su igual, le aporta una nueva oportunidad de aprender y de amar en un solo sentido. Y que, a pesar de que los sonidos sean totalmente diferentes, se logra el milagro, y se entiende perfectamente el mensaje, porque en algo tan limpio no puede haber interferencia o malentendido. Ella dice que, por eso, muchos seres que deciden vivir así, comunicando solo armonía y buenos sentimientos, logran entender otros lenguajes que no son los suyos.

Yo creo que lo que me arrancó de la muerte produjo este cambio, pues pasé de estar casi muerto a recibir este extraordinario milagro de amor que me ha transformado en un perro diferente, capaz de descifrar el lenguaje de seres diferentes a nosotros.

El cachorro parecía no cansarse, su alegría contagiaba a todos los perros que, moviendo la cola, se acercan a admirarlo. Cachorro pasaba entre las patas de todos, jugando y haciendo tambalearse a uno que otro discapacitado y a los perros mayores ya cansados, pero felices de tener un nuevo integrante entre ellos.

Para todos nosotros, la convivencia aquí ha sido de amor incondicional entregado por ese ser de solo dos patas, que ni ladra ni tiene el olfato agudo. Por suerte, cada vez hay más como ella, afanados en una lucha sin recompensa, dedicando parte de su tiempo a salvarnos. A nosotros, a los perros que llegamos a la calle un buen día y tuvimos que sobrevivir al maltrato y a la indiferencia, como nos sucedió a Buba, Cachorro y a mí, personas que han apostado por la vida de un perro callejero.

Los milagros aparecen cuando no desistes, cuando luchas, cuando no te rindes.

Eliot, el perro.

Eliot formó una imagen de sí mismo para poder sobrevivir y defender a su amada familia. El creyó que era un perro grande, fuerte y valiente, pero era todavía un cachorro.

El Ángel

Made in the USA
San Bernardino, CA
08 January 2019